초단기 공무원 국어

KWON LAB

머리말

2025년 공무원 9급 국어 시험은 크게 바뀌었습니다. 한자, 한자성어 문제가 없어지고, 논리 및 강화·약화 문제가 신설되었습니다. 문학 문제도 기존 작품 중심에서 독해 중심으로 유형이 변화되었기 때문에 이전과는 완전히 다르다고 할 수 있겠습니다. 문법의 경우에는 암기량이 크게 줄었습니다. 이런 점을 종합해 봤을 때 국어는 학습할 범위가 크게 줄었다고 할 수 있습니다.

인사혁신처는 특히 2차 예시문항을 통해 앞으로도 계속 이런 경향으로 출제하겠다는 의지를 보여주었습니다. 이제 9급 국어 시험은 시간과의 싸움이 중요하게 되었습니다. 그렇다고 단순히 문제만 많이 풀어서 될 건 아닙니다. 문제 푸는 시간을 줄이고 싶으면 고민을 덜해야 하며, 유형별 문제 풀이 시나리오를 작성해야 합니다. 또한 논리의 경우에는 기본 개념을 익혀야 문제에 접근할 수 있습니다.

뒤늦게 국어 공부를 시작하는 학생들을 위해 이 교재를 준비했습니다. 이 교재를 통해서 변화하는 유형에 적응하면서 논리의 기본 개념을 익히길 바랍니다. 그리고 모의고사를 많이 풀면서 시간 조절을 하십시오. 분명 여러분들은 성공할 겁니다!

2024. 10. 8.
권규호

이 책의 차례

제1장. 독해

(1) 내용 일치 ········· 006
(2) 주제 ········· 015
(3) 수정하기 ········· 019
(4) 빈칸 추론 ········· 021
(5) 순서 맞추기 ········· 025

제2장. 강화·약화

(1) 강화·약화 ········· 036

제3장. 문학

(1) 문학 ········· 048

제4장. 화법·작문

(1) 수정하기 ········· 058
(2) 개요 ········· 064
(3) 논쟁 분석하기 ········· 067

제5장. 논리

0. 명제 ········· 074
1. 논리 기호 기본편 ········· 076
2. 논리 기호 심화편
   - 드모르간의 법칙 ········· 090
3. 논리 기호 심화편
   - 선언(∨)과 조건문 ········· 100
4. 적절한 논리와
   적절하지 않은 논리 ········· 132
5. 술어 논리 ········· 168
6. 생략된 전제 찾기 ········· 186

권규호공무원국어

제1장

독해

제1장. 독해

1 독해

(1) 내용 일치

내용 일치 문제에서는 문제 푸는 속도를 높여서 시간을 절약하는 것이 중요하다. 문제 푸는 속도를 높이기 위해서는 '끊어 읽고 끊어 풀기'가 좋다. 문단별로 해당 선택지의 진위 여부를 확인하면서 문제를 해결하면 적은 정보량으로 효율적으로 문제를 풀 수 있다.

한편 내용 일치 문제의 난도는 높지 않기 때문에 대부분의 문제는 뒤섞기로 정답을 고를 수 있다. 물론 뒤섞기를 파악하기 위해서는 지문을 유기적으로 읽어야 하며, 선택지와 지문 간의 유기성을 찾을 수 있어야 한다.

001
2018 지방직 9급

다음 글의 내용을 잘못 이해한 사람은?

> 심리학에서는 동조(同調)가 일어나는 이유를 크게 두 가지로 설명한다. 첫째는, 사람들은 자기가 확실히 알지 못하는 일에 대해 남이 하는 대로 따라 하면 적어도 손해를 보지는 않는다고 생각한다는 것이다. 둘째는, 어떤 집단이 그 구성원들을 이끌어 나가는 질서나 규범 같은 힘을 가지고 있을 때, 그러한 집단의 압력 때문에 동조 현상이 일어난다는 것이다. 만약 어떤 개인이 그 힘을 인정하지 않는다면 그는 집단에서 배척당하기 쉽다. 이런 사정 때문에 사람들은 집단으로부터 소외되지 않기 위해서 동조를 하게 된다. 여기서 주목할 것은 자신이 믿지 않거나 옳지 않다고 생각하는 문제에 대해서도 동조의 입장을 취하게 된다는 것이다.
>
> 동조는 개인의 심리 작용에 영향을 미치는 요인이 무엇이냐에 따라 그 강도가 다르게 나타난다. 가지고 있는 정보가 부족하여 어떤 판단을 내리기 어려운 상황일수록, 자신의 판단에 대한 확신이 들지 않을수록 동조 현상은 강하게 나타난다. 또한 집단의 구성원 수가 많거나 그 결속력이 강할 때, 특정 정보를 제공하는 사람의 권위와 지위, 그에 대한 신뢰도가 높을 때도 동조 현상은 강하게 나타난다. 그리고 어떤 문제에 대한 집단 구성원들의 만장일치 여부도 동조에 큰 영향을 미치게 되는데, 만약 이때 단 한 명이라도 이탈자가 생기면 동조의 정도는 급격히 약화된다.

① 영희: 줄 서기의 경우, 줄을 서 있는 사람이 많을수록 나중에 오는 사람들이 그 줄 뒤에 설 확률이 더 높아.
② 철수: 특히 응집력이 강한 집단에 항거하는 것은 더 어려운 일이야. 이런 경우, 동조 압력은 더 강할 수밖에 없겠지.
③ 갑순: 동조 현상에 영향을 미치는 요인은 우매한 조직의 결속력보다 개인의 신념이라고 볼 수 있겠군.
④ 갑돌: 아침에 수많은 정류장 중 어디에서 공항버스를 타야 할지 몰랐는데 스튜어디스 차림의 여성이 향하는 정류장 쪽으로 따라갔었어. 이 경우, 그 스튜어디스 복장이 신뢰도를 높였다고 할 수 있겠네.

001 해설 | 집단의 결속력이 동조 현상에 영향을 미친다는 것은 확인이 가능하나, 개인의 신념이 결속력보다 더 많은 영향을 미치는지는 제시문을 통해 알 수 없으며, 1문단에 따르면 개인의 신념과 어긋나는 상황에도 동조 현상이 나타날 수 있기 때문에 옳지 않은 설명이다. 또한 조직의 우매성에 대해 언급한 부분 역시 찾을 수 없다.

오답피하기 |
① 2문단에 따르면 집단의 구성원 수가 많을수록 동조 현상이 강하게 나타나게 된다. 따라서 제시문을 올바르게 이해했다고 볼 수 있다.
② 1, 2문단에 따르면 집단의 압력 때문에 동조 현상이 일어나며, 이러한 집단의 결속력이 강할 때 동조 현상이 강하게 나타나게 된다. 따라서 제시문을 올바르게 이해했다고 볼 수 있다.
④ 2문단에 따르면 특정 정보를 제공하는 사람의 권위와 지위, 그에 대한 신뢰도가 높을 때 동조 현상이 강하게 나타나게 된다. 따라서 제시문을 올바르게 이해했다고 볼 수 있다.

정답 ③

002

다음 글을 읽은 독자의 반응으로 적절하지 않은 것은?

2014 국가직 7급

> 인간의 변화는 단지 성숙의 산물만은 아니다. 성숙에 의한 변화는 대체로 신체적, 성적 발달에 국한되는 경우가 많다. 인간은 자기가 속한 환경 속에서 여러 가지를 경험하고 배우며 살아간다. 이러한 경험과 배움을 학습이라고 하는데, 인간의 지적, 정의적 특성은 특히 그와 같은 후천적 학습의 영향이 크다 할 수 있다.
>
> 그런데 학습이라 할 때는 경험한 것 모두를 다 지칭하지는 않는다. 학습이란 경험의 결과 상당히 지속적으로 변화가 일어나는 경우를 두고 말한다. 약을 복용한 후나 우리 몸이 피로할 때 일어나는 일시적 변화는 학습이라 하지 않는다.
>
> 학습을 개념화하는 데는 어떤 측면을 강조하여 보느냐에 따라 약간 차이가 있을 수 있다. 행동에 초점을 맞추어 행동의 변화를 학습이라 하기도 하고, 지식에 초점을 두어 지식의 획득을 학습으로 보기도 하며, 정의적 측면을 강조하여 유의미한 인간적 경험, 예를 들면 무엇을 배운 결과 삶의 보람을 느낀 것을 학습이라 보기도 한다.
>
> 따라서 좀 더 넓은 뜻으로 학습을 정의하자면, 학습은 경험에 의한 비교적 지속적인 지적, 정서적, 행동적 변화를 의미한다고 볼 수 있다.

① 인간의 변화에는 성숙만이 아니라 학습도 있는 거야.
② 아이가 자라서 키가 커지는 것은 성숙에 의한 변화겠네.
③ 학습의 개념이 성립되려면 비교적 지속적인 변화라는 성격을 지녀야 해.
④ 과학을 배워서 보람을 느꼈다면, 이는 지적 변화에 초점을 둔 학습 개념이지.

002 해설 | 3문단에 따르면 무엇을 배운 결과 삶의 보람을 느낀 것은 정의적 측면의 학습에 해당한다. 따라서 지적 변화에 초점을 둔 학습 개념이라는 설명은 적절하지 않다.

오답피하기 |
① 1문단에 따르면 인간의 변화에는 신체적, 성적 발달인 '성숙'과 경험과 배움을 통한 '학습'이 있다.
② 1문단에 따르면 성숙에 의한 변화에는 신체적, 성적 발달이 있다. 아이가 키가 커지는 것은 신체적 발달이므로 성숙에 의한 변화로 볼 수 있다.
③ 2문단의 '학습이란 경험의 결과 상당히 지속적으로 변화가 일어나는 경우를 두고 말한다.'라는 설명을 통해 알 수 있다.

정답 ④

003
다음 글을 이해한 내용으로 적절하지 않은 것은?

조선시대 기록을 보면 오늘날 급성전염병에 속하는 병들의 다양한 명칭을 확인할 수 있는데, 전염성, 고통의 정도, 질병의 원인, 몸에 나타난 증상 등 작명의 과정에서 주목한 바는 각기 달랐다.

예를 들어, '역병(疫病)'은 사람이 고된 일을 치르듯[役] 병에 걸려 매우 고통스러운 상태를 말한다. '여역(厲疫)'이란 말은 힘들다[疫]는 뜻에다가 사납다[厲]는 의미가 더해져 있다. 현재의 성홍열로 추정되는 '당독역(唐毒疫)'은 오랑캐처럼 사납고[唐], 독을 먹은 듯 고통스럽다[毒]는 의미가 들어가 있다. '염병(染病)'은 전염성에 주목한 이름이고, 마찬가지로 '윤행괴질(輪行怪疱)' 역시 수레가 여기저기 옮겨 다니듯 한다는 뜻으로 질병의 전염성을 크게 강조한 이름이다.

'시기병(時氣病)'이란 특정 시기의 좋지 못한 기운으로 인해 생기는 전염병을 말하는데, 질병의 원인으로 나쁜 대기를 들고 있는 것이다. '온역(溫疫)'에 들어 있는 '온(溫)'은 이 병을 일으키는 계절적 원인을 가리킨다. 이밖에 '두창(痘瘡)'이나 '마진(痲疹)' 따위의 병명은 피부에 발진이 생기고 그 모양이 콩 또는 삼씨 모양인 것을 강조한 말이다.

① '온역'은 질병의 원인에 주목하여 붙여진 이름이다.
② '역병'은 질병의 전염성에 주목하여 붙여진 이름이다.
③ '당독역'은 질병의 고통스러운 정도에 주목하여 붙여진 이름이다.
④ '마진'은 질병으로 인해 몸에 나타난 증상에 주목하여 붙여진 이름이다.

003 해설 | '역병'은 고통의 정도에 주목하여 붙여진 이름이다. 질병의 전염성에 주목하여 붙여진 이름은 '염병, 윤행괴질'이다.
오답피하기 |
①, ③, ④ '역병, 여역, 당독역'은 고통의 정도에 따라, '염병, 윤행괴질'은 질병의 전염성에 따라, '시기병, 온역'은 질병의 원인에 따라, '두창, 마진'은 몸에 나타난 증상에 따라 붙여진 이름이다.

정답 ②

[004~005] 다음 글을 읽고 물음에 답하시오.

> 한국 신화에 보이는 신과 인간의 관계는 다른 나라의 신화와 ㉠견주어 볼 때 흥미롭다. 한국 신화에서 신은 인간과의 결합을 통해 결핍을 해소함으로써 완전한 존재가 되고, 인간은 신과의 결합을 통해 혼자 할 수 없었던 존재론적 상승을 이룬다.
>
> 한국 건국신화에서 주인공인 신은 지상에 내려와 왕이 되고자 한다. 천상적 존재가 지상적 존재가 되기를 ㉡바라는 것인데, 인간들의 왕이 된 신은 인간 여성과의 결합을 통해 자식을 낳음으로써 결핍을 메운다. 무속신화에서는 인간이었던 주인공이 신과의 결합을 통해 신적 존재로 ㉢거듭나게 됨으로써 존재론적으로 상승하게 된다. 이처럼 한국 신화에서 신과 인간은 서로의 존재를 필요로 한다는 점에서 상호의존적이고 호혜적이다.
>
> 다른 나라의 신화들은 신과 인간의 관계가 한국 신화와 달리 위계적이고 종속적이다. 히브리 신화에서 피조물인 인간은 자신을 창조한 유일신에 대해 원초적 부채감을 지니고 있으며, 신이 지상의 모든 일을 관장한다는 점에서 언제나 인간의 우위에 있다. 이러한 양상은 북유럽이나 바빌로니아 등에 ㉣퍼져 있는 신체 화생 신화에도 유사하게 나타난다. 신체 화생 신화는 신이 죽음을 맞게 된 후 그 신체가 해체되면서 인간 세계가 만들어지게 된다는 것인데, 신의 희생 덕분에 인간 세계가 만들어질 수 있었다는 점에서 인간은 신에게 철저히 종속되어 있다.

004

2025 예시문제 1차

윗글을 이해한 내용으로 적절하지 않은 것은?

① 히브리 신화에서 신과 인간의 관계는 위계적이다.
② 한국 무속신화에서 신은 인간을 위해 지상에 내려와 왕이 된다.
③ 한국 건국신화에서 신은 인간과의 결합을 통해 완전한 존재가 된다.
④ 한국 신화에 보이는 신과 인간의 관계는 신체 화생 신화에 보이는 신과 인간의 관계와 다르다.

004 해설 | 2문단에 따르면 신이 지상에 내려와 왕이 된다는 것은 한국 건국신화에 대한 설명이다. 또한 신이 '인간을 위해' 지상에 내려오는지는 나타나 있지 않다.

오답피하기 |
① 3문단에 따르면 히브리 신화 같은 다른 나라의 신화들은 신과 인간의 관계가 한국 신화와 달리 위계적이고 종속적이다.
③ 1문단에 따르면 한국 신화에서 신은 인간과의 결합을 통해 결핍을 해소함으로써 완전한 존재가 된다. 또한 2문단에 따르면 한국 건국신화에서 인간들의 왕이 된 신은 인간 여성과의 결합을 통해 자식을 낳음으로써 결핍을 메운다.
④ 2문단에 따르면 한국 신화에서 신과 인간의 관계는 상호의존적이고 호혜적이다. 반면 3문단에 따르면 신체 화생 신화 같은 다른 나라의 신화들은 신과 인간의 관계가 한국 신화와 달리 위계적이고 종속적이다.

정답 ②

005

⊙~②과 바꿔쓸 수 있는 유사한 표현으로 적절하지 않은 것은?

① ⊙: 비교해
② ⓒ: 희망하는
③ ⓒ: 복귀하게
④ ②: 분포되어

005 해설 | '거듭나다'는 문맥상 '영적으로 다시 새사람이 되다'라는 의미를 띠고 있다. 따라서 이를 '본디의 자리나 상태로 되돌아가다'라는 의미를 띠는 '복귀하다'로 바꿀 수는 없다.

오답피하기 |
① '견주다'는 '비교하다'의 의미를 띤다.
② '바라다'는 '희망하다'의 의미를 띤다.
④ '퍼지다'는 '분포되다'의 의미를 띤다.

정답 ③

006

다음 글에서 추론한 내용으로 가장 적절한 것은?

> 『성경』에 따르면 예수는 죽은 지 사흘 만에 부활했다. 사흘이라고 하면 시간상 72시간을 의미하는데, 예수는 금요일 오후에 죽어서 일요일 새벽에 부활했으니 구체적인 시간을 따진다면 48시간이 채 되지 않는다. 그렇다면 『성경』에서 3일이라고 한 것은 예수의 신성성을 부각하기 위한 것일까?
>
> 여기에는 수를 세는 방식의 차이가 개입되어 있다. 구체적으로 말하면 우리가 사용하는 현대의 수에는 '0' 개념이 깔려 있지만, 『성경』이 기록될 당시에는 해당 개념이 없었다. '0' 개념은 13세기가 되어서야 유럽으로 들어왔으니, '0' 개념이 들어오기 전 시간의 길이는 '1'부터 셈했다. 다시 말해 시간의 시작점 역시 '1'로 셈했다는 것인데, 금요일부터 다음 금요일까지는 7일이 되지만, 시작하는 금요일까지 날로 셈해서 다음 금요일은 8일이 되는 식이다.
>
> 이와 같은 셈법의 흔적을 현대 언어에서도 찾을 수 있다. 오늘날 그리스 사람들은 올림픽이 열리는 주기에 해당하는 4년을 'pentaeteris'라고 부르는데, 이 말의 어원은 '5년'을 뜻한다. '2주'를 의미하는 용도로 사용되는 현대 프랑스어 'quinze jours'는 어원을 따지자면 '15일'을 가리키는데, 시간적으로는 동일한 기간이지만 시간을 셈하는 방식에 따라 마지막 날과 해가 달라진 것이다.

① '0' 개념은 13세기에 유럽에서 발명되었다.
② 『성경』에서는 예수의 신성성을 부각하기 위해 그의 부활 시점을 활용하였다.
③ 프랑스어 'quinze jours'에는 '0' 개념이 들어오기 전 셈법의 흔적이 남아 있다.
④ 'pentaeteris'라는 말이 생겨났을 때에 비해 오늘날의 올림픽이 열리는 주기는 짧아졌다.

006 해설 | 'quinze jours'는 '2주'를 14일이 아닌 15일로 인식하고 있음을 드러낸다. 이는 0이 없기 때문에 현대의 14일로 인식하는 것보다 +1을 한 것이다. 따라서 'quinze jours'에는 '0' 개념이 들어오기 전 셈법의 흔적이 남아 있다.

오답피하기 |
① 2문단에 따르면 '0' 개념은 13세기가 되어서야 유럽으로 들어왔다. 즉 다른 곳에서 발명되어 유럽에 전파된 것이기 때문에 이를 유럽에서 발명했다고 하는 것은 잘못이다.
② 『성경』에서 3일이라고 한 것은 예수의 신성성을 부각하기 위해서가 아닌 '0' 개념이 없었기 때문이다.
④ 'pentaeteris'라는 말은 오늘날 올림픽이 열리는 주기인 4년을 '0' 개념이 없었을 때 지칭하는 말이다. 시간적으로는 동일한데 '0' 개념이 없었기 때문에 오늘날보다 +1을 더해서 말하는 것일 뿐이다.

정답 ③

※ 난도가 높은 이유는 말을 바꾸기 때문이다!

007

다음 글을 이해한 내용으로 가장 적절한 것은?

2025 예시문제 2차

> 언어의 형식적 요소에는 '음운', '형태', '통사'가 있으며, 언어의 내용적 요소에는 '의미'가 있다. 음운, 형태, 통사 그리고 의미 요소를 중심으로 그 성격, 조직, 기능을 탐구하는 학문 분야를 각각 '음운론', '문법론'(형태론 및 통사론 포괄), 그리고 '의미론'이라고 한다. 그 가운데서 음운론과 문법론은 언어의 형식을 중심으로 그 체계와 기능을 탐구하는 반면, 의미론은 언어의 내용을 중심으로 체계와 작용 방식을 탐구한다.
>
> 이처럼 언어학은 크게 말소리 탐구, 문법 탐구, 의미 탐구로 나눌 수 있는데, 이때 각각에 해당하는 음운론, 문법론, 의미론은 서로 관련된다. 이를 발화의 전달 과정에서 살펴보자. 화자의 측면에서 언어를 발신하는 경우에는 의미론에서 문법론을 거쳐 음운론의 방향으로, 청자의 측면에서 언어를 수신하는 경우에는 반대의 방향으로 작용한다. 의사소통의 과정상 발신자의 측면에서는 의미론에, 수신자의 측면에서는 음운론에 초점이 놓인다. 의사소통은 화자의 생각, 느낌, 주장 등을 청자와 주고받는 행위이므로, 언어 표현의 내용에 해당하는 의미는 이 과정에서 중심적 요소가 된다.

① 언어는 형식적 요소가 내용적 요소보다 다양하다.
② 언어의 형태 탐구는 의미 탐구와 관련되지 않는다.
③ 의사소통의 첫 단계는 언어의 형식을 소리로 전환하는 것이다.
④ 언어를 발신하고 수신하는 과정에서 통사론은 활용되지 않는다.

007 해설 | 언어의 형식적 요소에는 '음운, 형태, 통사' 3개가 있으며, 언어의 내용적 요소에는 '의미' 1개만 있다. 따라서 언어의 형식적 요소는 내용적 요소보다 다양하다.

오답피하기 |
② 2문단에 따르면 언어의 형태 탐구인 '문법론'은 '의미론'과 서로 관련된다. 따라서 언어의 형태 탐구는 의미 탐구와 관련된다.
③ 선택지에서는 '언어의 형식을 소리로 전환'한다고 했는데, '언어의 형식'에 '음운, 형태, 통사'가 있는데 이것이 '소리'로 바뀐다는 내용은 지문 어디에도 없다. 관련된 내용을 굳이 찾자면 2문단에서 의사소통의 과정상 발신자의 측면에서는 의미론에 초점이 놓이고, 수신자의 측면에서는 음운론에 초점이 놓인다고 했을 뿐이다.
④ 2문단에 따르면 언어의 발신, 수신 과정은 '의미론-문법론(형태론 및 통사론 포괄)-음운론'의 연결고리를 따라서 이루어진다.

정답 ①

※ 추론도 기본적으로는 내용 일치 문제이다. 결국 선택지의 말을 지문의 말로 바꾸는 것이 중요하다.

008

2021 지방직 9급

다음 글에서 추론할 수 있는 것은?

> 포도주는 유럽 문명을 대표하는 술이자 동시에 음료수다. 우리는 대개 포도주를 취하기 위해 마시는 술로만 생각하기 쉬우나 유럽에서는 물 대신 마시는 '음료수'로서의 역할이 크다. 유럽의 많은 지역에서는 물이 워낙 안 좋아서 맨 물을 그냥 마시면 위험하기 때문에 제조 과정에서 안전성이 보장된 포도주나 맥주를 마시는 것이다. 이런 용도로 일상적으로 마시는 식사용 포도주로는 당연히 고급 포도주와는 다른 저렴한 포도주가 쓰이며, 술이 약한 사람들은 여기에 물을 섞어서 마시기도 한다.
>
> 소비의 확대와 함께, 포도주의 생산을 다른 지역으로 확산시키려는 노력도 계속되어 왔다. 포도주 생산의 확산에서 가장 큰 문제는 포도 재배가 추운 북쪽 지역으로 확대되기 힘들다는 점이다. 자연 상태에서는 포도가 자라는 북방 한계가 이탈리아 정도에서 멈춰야 했지만, 중세 유럽에서 수도원마다 온갖 노력을 기울인 결과 포도 재배가 상당히 북쪽까지 올라갔다. 대체로 대서양의 루아르강 하구로부터 크림반도와 조지아를 잇는 선이 상업적으로 포도를 재배할 수 있는 북방한계선이다.
>
> 적정한 기온은 포도주 생산 가능 여부뿐 아니라 생산된 포도주의 질을 결정하는 중요한 요인이다. 너무 추운 지역이나 너무 더운 지역에서는 포도주의 품질이 떨어질 수밖에 없다. 추운 지역에서는 포도에 당분이 너무 적어서 그것으로 포도주를 담그면 신맛이 강하게 된다. 반면 너무 더운 지역에서는 섬세한 맛이 부족해서 '흐물거리는' 포도주가 생산된다(그 대신 이를 잘 활용하면 포르토나 셰리처럼 도수를 높인 고급 포도주를 만들 수 있다). 그러므로 고급 포도주 주요 생산지는 보르도나 부르고뉴처럼 너무 덥지도 않고 너무 춥지도 않은 곳이다. 다만 달콤한 백포도주의 경우는 샤토 디켐(Château d'Yquem)처럼 뜨거운 여름 날씨가 지속하는 곳에서 명품이 만들어진다.
>
> 포도주의 수요는 전 유럽적인 데 비해 생산은 이처럼 지리적으로 제한됐기 때문에 포도주는 일찍부터 원거리 무역 품목이 됐고, 언제나 고가품 취급을 받았다. 그런데 한 가지 기억해야 할 점은 이렇게 수출되는 고급 포도주는 오래된 포도주가 아니라 바로 그해에 만든 술이라는 점이다. 우리는 포도주는 오래될수록 좋아진다고 믿는 경향이 있지만, 대부분의 백포도주 혹은 중급 이하 적포도주는 시간이 지날수록 오히려 품질이 떨어진다. 시간이 흐를수록 품질이 개선되는 것은 일부 고급 적포도주에만 한정된 이야기이며, 그나마 포도주를 병에 담아 코르크 마개를 끼워 보관한 이후의 일이다.

① 고급 포도주는 모두 너무 덥지도 춥지도 않은 곳에서 재배된 포도로 만들어졌다.
② 루아르강 하구로부터 크림반도와 조지아를 잇는 선은 이탈리아보다 남쪽에 있을 것이다.
③ 유럽에서 일상적으로 마시는 식사용 포도주는 저렴한 포도주거나 고급 포도주에 물을 섞은 것이다.
④ 병에 담겨 코르크 마개를 끼운 고급 백포도주는 보관 기간에 비례하여 품질이 개선되지는 않을 것이다.

---

008 해설 | 4문단에 따르면 포도주를 병에 담아 코르크 마개를 끼워 보관한 이후의 일로, 시간이 흐를수록 품질이 개선되는 것은 일부 고급 적포도주에만 한정된 이야기이다. 따라서 병에 담겨 코르크 마개를 끼운 고급 백포도주는 보관 기간에 비례하여 품질이 개선되지는 않을 것이라고 추론할 수 있다.

오답피하기 |
① 3문단에 따르면 너무 더운 지역에서도 포르토나 셰리처럼 도수를 높인 고급 포도주를 만들 수 있다. 또한 달콤한 백포도주는 샤토 디켐처럼 뜨거운 여름 날씨가 지속하는 곳에서 명품이 만들어진다.
② 2문단에 따르면 자연 상태에서는 포도가 자라는 북방 한계가 이탈리아 정도에서 멈춰야 했지만, 포도 재배가 상당히 북쪽까지 올라갔다. 또한 루아르강 하구로부터 크림반도와 조지아를 잇는 선이 상업적으로 포도를 재배할 수 있는 북방한계선이다. 따라서 루아르강 하구로부터 크림반도와 조지아를 잇는 선은 이탈리아보다 남쪽이 아닌 북쪽에 있을 것이라고 볼 수 있다.
③ 1문단에 따르면 유럽에서 일상적으로 마시는 식사용 포도주로는 저렴한 포도주가 쓰이며, 술이 약한 사람들은 여기에 물을 섞어서 마시기도 한다. 따라서 고급 포도주가 아닌 저렴한 포도주에 물을 섞은 것이라고 볼 수 있다.

정답 ④

[009~010] 다음 글을 읽고 물음에 답하시오.

생물은 자신의 종에 속하는 개체들과 의사소통을 한다. 꿀벌은 춤을 통해 식량의 위치를 같은 무리의 동료들에게 알려주며, 녹색원숭이는 포식자의 접근을 알리기 위해 소리를 지른다. 침팬지는 고통, 괴로움, 기쁨 등의 감정을 표현할 때 각각 다른 ㉠소리를 낸다.

말한다는 것을 단어에 대해 ㉡소리 낸다는 의미로 보게 되면, 침팬지가 사람처럼 말하도록 하는 것은 불가능하다. 침팬지는 인간과 게놈의 98%를 공유하고 있지만, 발성 기관에 차이가 있다.

인간의 발성 기관은 아주 정교하게 작용하여 여러 ㉢소리를 낼 수 있는데, 초당 십여 개의 (가)소리를 쉽게 만들어 낸다. 이는 성대, 후두, 혀, 입술, 입천장을 아주 정확하게 통제할 수 있기 때문에 가능한 것이다. 침팬지는 이만큼 정확하게 통제를 하지 못한다. 게다가 인간의 발성 기관은 유인원의 그것과 현저하게 다르다. 주요한 차이는 인두의 길이에 있다. 인두는 혀 뒷부분부터 식도에 이르는 통로로 음식물과 공기가 드나드는 길이다. 인간의 인두는 여섯 번째 목뼈에까지 이른다. 반면에 대부분의 포유류에서는 인두의 길이가 세 번째 목뼈를 넘지 않으며 개의 경우는 두 번째 목뼈를 넘지 않는다. 다른 동물의 인두에 비해 과도하게 긴 인간의 인두는 공명 상자 기능을 하여 세밀하게 통제되는 ㉣소리를 만들어 낸다.

009
윗글에서 추론한 내용으로 가장 적절한 것은?
① 개의 인두 길이는 인간의 인두 길이보다 짧다.
② 침팬지의 인두는 인간의 인두와 98% 유사하다.
③ 녹색원숭이는 침팬지와 의사소통을 할 수 있다.
④ 침팬지는 초당 십여 개의 소리를 만들어 낼 수 있다.

010
㉠~㉣ 중 문맥상 (가)에 해당하는 의미로 사용되지 않은 것은?
① ㉠　　　② ㉡　　　③ ㉢　　　④ ㉣

009 해설 | 3문단에 따르면 다른 동물의 인두에 비해 인간의 인두는 과도하게 길다. 이에 따라 개는 다른 동물이므로 인간의 인두 길이보다 짧다.
오답피하기 |
② 침팬지의 인두가 인간의 인두와 유사한 것이 아니라 침팬지와 인간의 게놈이 유사한 것이다.
③ 녹색원숭이와 침팬지는 각각 자신의 종에 속하는 개체들과 의사소통을 한다. 그러나 서로 다른 종 간에 의사소통이 가능한지는 이 글에 나타나지 않는다.
④ 초당 십여 개의 소리를 만들어 낼 수 있는 것은 침팬지가 아니라 인간이다.
정답 ①

010 해설 | (가)는 문맥적으로 인간이 내는 소리를 뜻한다. ㉠~㉣ 중 인간이 내는 소리라는 의미를 띠지 않는 것은 ㉠이다. ㉠은 침팬지가 내는 소리이므로 인간이 내는 소리를 뜻하는 ㉡, ㉢, ㉣과는 문맥적 의미가 서로 다르다.
정답 ①

(2) 주제

주제 문제를 해결하기 위해서는 지문을 유기적으로 읽으면서 문장 간 힘의 세기를 파악할 수 있어야 한다. 일반적으로 문장 간 힘의 세기는 동일한 내용이 아닌 경우에는 뒤에 나오는 문장이 힘의 세기가 더 크다.

한편 출제자는 때때로 주제 문제의 난도를 높이기 위해서 선택지에 함정을 배치해 두기도 한다. 글의 주제보다 훨씬 더 큰 내용이나 너무 작은 내용 또는 지문과 일치하지 않는 내용 등이 들어간 선택지는 함정이므로 이를 배제할 수 있도록 하자.

011
2017 국가직 7급 1차

다음 글의 중심 내용으로 가장 적절한 것은?

> 롤랑 바르트는 「기호의 제국」에서 "우리 얼굴이 '인용'이 아니라면 또 무엇이란 말인가?"라는 말을 한 적이 있다. 우리의 헤어스타일이나 패션, 감정을 나타내는 얼굴 표정 등은 모두 미디어로부터 '복제'된 것일 가능성이 높다. 작가가 다른 책의 구절들을 씨앗글로 인용하는 일을 계기로 한 편의 글을 완성하듯, 우리는 남의 표정과 스타일을 복사한다. 이렇게 다른 것을 복제하고 인용하는 문화는 확산되고 있다. 그것은 오늘날 성형의 트렌드가 확산되는 현상을 보면 잘 알 수 있다. 성형을 하는 사람은 쇼핑하듯 트렌드가 만든 미인 얼굴을 구매한다.

① 롤랑 바르트는 모방이나 복제 문화의 예찬론자이다.
② 모방이나 복제 문화의 대중화가 사람들의 미의식을 세련되게 한다.
③ 모방이나 복제 문화가 확산되고 있다.
④ 모방이나 복제 문화의 대중화로 인해 성형 수술이 유행하고 있다.

011 해설 | 제시문에서는 복제, 인용하는 문화가 확산되고 있다고 말하고 있다. 그리고 이에 대한 구체적인 예로 '헤어스타일, 패션'과 '성형 수술' 등을 들고 있다. 따라서 '모방이나 복제 문화가 확산되고 있다'가 제시문의 중심 내용으로 가장 적절하다.
오답피하기 |
① 제시문을 통해서는 모방이나 복제 문화에 대한 롤랑 바르트의 입장을 명확히는 알 수 없다.
② 제시문을 통해서는 모방이나 복제 문화의 대중화가 사람들의 미의식을 세련되게 하는지에 대해 알 수 없다.
④ '성형 수술의 유행'은 모방·복제 문화의 확산에 대한 예시 중 하나이므로 중심 내용으로 적절하지 않다.

정답 ③

012

다음 글의 중심 내용으로 가장 적절한 것은?

> 플라톤의 『국가』에는 사람들이 살아가면서 가장 중요하게 생각하는 두 가지 요소에 대한 언급이 있다. 우리가 만약 이것들을 제대로 통제하고 조절할 수 있다면 좋은 삶을 살 수 있다고 플라톤은 말하고 있다. 하나는 대다수가 갖고 싶어 하는 재물이며, 다른 하나는 대다수가 위험하게 생각하는 성적 욕망이다. 소크라테스는 당시 성공적인 삶을 살고 있다고 사람들에게 잘 알려진 케팔로스에게, 사람들이 좋아하는 재물이 많아서 좋은 점과 사람들이 싫어하는 나이가 많아서 좋은 점은 무엇인지를 물었다. 플라톤은 이 대화를 통해 우리가 어떻게 좋은 삶을 살 수 있는지를 보여준다.
>
> 케팔로스는 재물이 많으면 남을 속이거나 거짓말하지 않을 수 있어서 좋고, 나이가 많으면 성적 욕망을 쉽게 통제할 수 있어서 좋다고 말한다. 물론 재물이 적다고 남을 속이거나 거짓말을 하는 것은 아니며, 나이가 적다고 해서 성적 욕망을 쉽게 통제할 수 없는 것은 아니다. 그렇지만 누구나 살아가면서 이것들로 인해 힘들어하고 괴로워하는 경우가 많다는 것은 분명하다. 삶을 살아가면서 돈에 대한 욕망이나 성적 욕망만이라도 잘 다스릴 수 있다면 낭패를 당하거나 망신을 당할 일이 거의 없을 것이다. 인간에 대한 플라톤의 통찰력과 삶에 대한 지혜는 현재에도 여전히 유효하다.

① 재물욕과 성욕은 과거나 지금이나 가장 강한 욕망이다.
② 재물이 많으면서 나이가 많은 자가 좋은 삶을 살 수 있다.
③ 성공적인 삶을 살려면 재물욕과 성욕을 잘 다스려야 한다.
④ 잘 살기 위해서는 살면서 가장 중요한 것이 무엇인지 알아야 한다.

013
다음 글의 핵심 논지로 가장 적절한 것은?

> 판타지와 SF의 차별성은 '낯섦'과 '이미 알고 있는 것'이라는 기준을 통해 드러난다. 이 둘은 일반적으로 상반된 의미를 갖는다. 이미 알고 있는 것은 낯설지 않고, 낯선 것은 새로운 것을 의미하기 때문이다.
>
> 판타지와 SF에는 모두 새롭고 낯선 것이 등장하는데, 비근한 예가 현실에 존재하지 않는 괴물의 출현이다. 판타지에서 낯선 괴물이 나오면 사람들은 '저게 뭐지?' 하면서도 그 낯섦을 그대로 받아들인다. 그렇기에 등장인물과 독자 모두 그 괴물을 원래부터 존재했던 것으로 받아들이고, 괴물은 등장하자마자 세계의 일부가 된다. 결국 판타지에서는 이미 알고 있는 것보다 새로운 것이 더 중요한 의미를 갖는다. 이와 달리 SF에서는 '그런 괴물이 어떻게 존재할 수 있지?'라고 의심하고 물어야 한다. SF에서는 인물과 독자들이 작가의 경험적 환경을 공유하기 때문에 괴물은 절대로 자연스럽지 않다. 괴물의 낯섦에 대한 질문은 괴물이 존재하는 세계에 대한 지식, 세계관, 나아가 정체성의 문제로 확장된다. 이처럼 SF에서는 어떤 새로운 것이 등장했을 때 그 낯섦을 인정하면서도 동시에 그것을 자신이 이미 알고 있던 인식의 틀로 끌어들여 재조정하는 과정이 요구된다.

① 판타지와 SF는 모두 새로운 것에 의해 알고 있는 것이 바뀌는 장르이다.
② 판타지와 SF는 모두 알고 있는 것과 새로운 것을 그대로 인정하고 둘 사이의 재조정이 필요한 장르이다.
③ 판타지는 새로운 것보다 알고 있는 것이 더 중요하고, SF는 알고 있는 것보다 새로운 것이 더 중요한 장르이다.
④ 판타지는 알고 있는 것보다 새로운 것이 더 중요하고, SF는 알고 있는 것과 새로운 것 사이의 재조정이 필요한 장르이다.

013 해설 | 지문에 따르면 판타지나 SF에는 모두 새롭고 낯선 것이 등장하는데, 판타지는 그 낯섦을 그대로 받아들이며, 본래 알고 있는 것보다 새로운 것이 더 중요한 의미를 갖는다. 그러나 SF는 새로운 것이 등장했을 때 그것을 기존 자신이 알고 있던 인식의 틀로 끌어들이는 재조정의 과정이 요구된다. 이러한 지문의 내용을 잘 반영하고 있는 것은 ④번이다.

오답피하기 |
① 판타지나 SF나 새로운 것의 등장 때문에 알고 있는 것이 바뀌지 않는다.
② 판타지는 알고 있는 것과 새로운 것 사이의 재조정이 필요하지 않다.
③ 판타지와 SF에 대한 설명이 서로 바뀌어 있다.

정답 ④

※ 과거에는 병렬적 주제를 묻는 문제도 출제되었다.

014
2013 국가직 9급

다음 글의 제목으로 가장 적절한 것은?

언제부터인가 이곳 속초 청호동은 본래의 지명보다 '아바이 마을'이라는 정겨운 이름으로 불리고 있다. 함경도식 먹을거리로 유명해진 곳이기도 하지만 그 사람들의 삶과 문화가 제대로 알려지지 않은 동네이기도 하다. 속초의 아바이 마을은 대한민국의 실향민 집단 정착촌을 대표하는 곳이다. 한국 전쟁이 한창이던 1951년 1·4 후퇴 당시, 함경도에서 남쪽으로 피난 왔던 사람들이 휴전과 함께 사람이 거의 살지 않던 이곳 청호동에 정착해 살기 시작했다.

동해는 사시사철 풍부한 어종이 잡히는 고마운 곳이다. 봄 바다를 가르며 달려 도착한 곳에서 고기가 다니는 길목에 설치한 '어울'을 끌어올려 보니, 속초의 봄 바다가 품고 있던 가자미들이 나온다. 다른 고기는 나오다 안 나오다 하지만 이 가자미는 일 년 열두 달 꾸준히 난다. 동해를 대표하는 어종 중에 명태는 12월에서 4월, 도루묵은 10월에서 12월, 오징어는 9월에서 12월까지 주로 잡힌다. 하지만 가자미는 사철 잡히는 생선으로, 어부들 말로는 그 자리를 지키고 있는 '자리고기'라 한다.

청호동에서 가자미식해를 담그는 광경은 이젠 낯선 일이 아니라 할 만큼 유명세를 탔다. 함경도 대표 음식인 가자미식해가 속초에서 유명하다는 것은 입맛이 정확하게 고향을 기억한다는 것과 상통한다. 속초에 새롭게 터전을 잡은 함경도 사람들은 고향 음식이 그리웠다. 가자미식해를 만들어 상에 올렸고, 이 밥상을 마주한 속초 사람들은 배타심이 아닌 호감으로 다가섰고, 또 판매를 권유하게 되면서 속초의 명물로 재탄생하게 된 것이다.

① 속초 자리고기의 유래
② 속초의 아바이 마을과 가자미식해
③ 아바이 마을의 밥상
④ 청호동 주민과 함경도 실향민의 화합

014 해설 | 제시문에서는 먼저 속초 청호동이 전쟁 중 함경도에서 피난을 온 사람들이 정착해 살던 곳이며, '아바이 마을'로 불리고 있음을 설명하고 있다. 그리고 그곳에 정착한 함경도 사람들이 함경도 대표 음식인 '가자미식해'를 만들었고, 그것이 속초의 명물로 자리 잡게 되었다는 것을 알 수 있다. 따라서 '속초의 아바이 마을과 가자미식해'가 제시문의 제목으로 가장 적절하다.

오답피하기 |
① 자리고기의 유래에 대해 설명하고 있기는 하지만 글의 전체 내용을 포괄하지 못하므로 글의 제목으로 적절하지 않다.
③ 속초의 명물인 '가자미식해'에 대해 설명할 뿐, 아바이 마을의 밥상에 대한 다른 정보는 알 수 없다.
④ 가자미식해를 통해 속초 사람들이 함경도 실향민에 대한 호감을 갖게 되었다고 언급하고 있을 뿐 화합하는 내용을 찾을 수 없으므로 중심 내용으로 볼 수 없다.

정답 ②

(3) 수정하기

수정하기 문제를 풀 때에는 선택지를 자주 보지 않는 게 좋다. 지문의 유기성에만 집중하며, 흐름이 어색하지 않으면 선택지를 보지 말고 넘어가도록 하자. 문제 푸는 시간이 전보다 훨씬 더 절약될 것이다.

수정하기 문제에서 정답은 위화감이 느껴지는 부분이다. 위화감을 느끼기 위해서는 유기적인 독해가 선행되어야 한다. 그렇기 때문에 독해 공부를 할 때에는 시간이 오래 걸리더라도 정확하게 유기성을 찾아내려 노력하는 것이 중요하다.

015
2025 예시문제 1차

다음 글의 ㉠~㉣ 중 어색한 곳을 찾아 가장 적절하게 수정한 것은?

> 수명을 늘릴 수 있는 여러 방법 중 가장 좋은 방법은 노화 문제를 해결하는 것이다. 이 방법은 인간이 젊고 건강한 상태로 수명을 연장할 수 있다는 점에서 ㉠늙고 병든 상태에서 단순히 죽음의 시간을 지연시킨다는 기존 발상과 근본적으로 다르다. ㉡노화가 진행된 상태를 진행되기 전의 상태로 되돌린다거나 노화가 시작되기 전에 노화를 막는 장치가 개발된다면, 젊음을 유지한 채 수명을 늘리는 것은 충분히 가능하다.
>
> 그러나 노화 문제와 관련된 현재까지의 연구는 초라하다. 이는 대부분 연구가 신약 개발의 방식으로만 진행되어 왔기 때문이다. 현재 기준에서는 질병 치료를 목적으로 개발한 신약만 승인받을 수 있는데, 식품의약국이 노화를 ㉢질병으로 본 탓에 노화를 멈추는 약은 승인받을 수 없었다. 노화를 질병으로 보더라도 해당 약들이 상용화되기까지는 아주 오랜 시간이 필요하다.
>
> 그런데 노화 문제는 발전을 거듭하고 있는 인공지능 덕분에 신약 개발과는 다른 방식으로 극복될 수 있을지 모른다. 일반 사람들에 비해 ㉣노화가 더디게 진행되는 사람들의 유전자 자료를 데이터화하면 그들에게서 노화를 지연시키는 생리적 특징을 추출할 수 있는데, 이를 통해 유전자를 조작하는 방식으로 노화를 막을 수 있다.

① ㉠: 늙고 병든 상태에서 담담히 죽음의 시간을 기다린다
② ㉡: 노화가 진행되기 전의 신체를 노화가 진행된 신체
③ ㉢: 질병으로 보지 않은 탓에 노화를 멈추는 약은 승인받을 수 없었다
④ ㉣: 노화가 더디게 진행되는 사람들의 유전자 자료를 데이터화하면 그들에게서 노화를 촉진

---

015 해설 | ㉢ 앞 문장의 내용을 보면 질병 치료를 목적으로 한 약만 신약으로 승인받을 수 있다고 되어 있다. 그리고 ㉢에는 노화를 멈추는 약이 신약으로 승인받을 수 없었다는 내용이 있다. 유기적으로 봤을 때 ㉢에는 '노화는 질병이 아니라고 본 탓에'라는 구절이 들어가야 하는데 이와 반대되는 의미인 '노화를 질병으로 본 탓에'라는 구절이 들어가 있다. 따라서 ㉢은 ③번처럼 수정하는 것이 적절하다.

정답 ③

016

다음 글의 ㉠~㉣ 중 어색한 곳을 찾아 가장 적절하게 수정한 것은?

언어는 랑그와 파롤로 구분할 수 있다. 랑그는 머릿속에 내재되어 있는 추상적인 언어의 모습으로, 특정한 언어공동체가 공유하고 있는 기호체계를 가리킨다. 반면에 파롤은 구체적인 언어의 모습으로, 의사소통을 위해 랑그를 사용하는 개인적인 행위를 의미한다.

언어학자들은 흔히 ㉠<u>랑그를 악보에 비유하고, 파롤을 실제 연주에 비유하곤</u> 하는데, 악보는 고정되어 있지만 실제 연주는 그 고정된 악보를 연주하는 사람에 따라 달라지기 마련이다. 그러니까 ㉡<u>랑그는 여러 상황에도 불구하고 변하지 않고 기본을 이루는 언어의 본질적인 모습</u>에 해당한다. 한편 '책상'이라는 단어를 발음할 때 사람마다 발음되는 소리는 다르기 때문에 '책상'에 대한 발음은 제각각일 수밖에 없다. 여기서 ㉢<u>실제로 발음되는 제각각의 소리값이 파롤</u>이다.

랑그와 파롤 개념과 비슷한 것으로 언어능력과 언어수행이 있다. 자기 모국어에 대해 사람들이 내재적으로 가지고 있는 지식이 언어능력이고, 사람들이 실제로 발화하는 행위가 언어수행이다. ㉣<u>파롤이 언어능력에 대응한다면, 랑그는 언어수행에 대응한다.</u>

① ㉠: 랑그를 실제 연주에 비유하고, 파롤을 악보에 비유하곤
② ㉡: 랑그는 여러 상황에 맞춰 변화하는 언어의 본질적인 모습
③ ㉢: 실제로 발음되는 제각각의 소리값이 랑그
④ ㉣: 랑그가 언어능력에 대응한다면, 파롤은 언어수행에 대응

---

016 해설 | ㉣의 앞선 문장에 따르면 모국어에 대해 사람들이 내재적으로 가지고 있는 지식인 랑그가 곧 언어능력이고, 사람들이 실제로 발화하는 행위인 파롤은 곧 언어수행이다. 따라서 ㉣은 '랑그가 언어능력에 대응한다면, 파롤은 언어수행에 대응'이라는 말로 바꾸는 것이 적절하다.

정답 ④

(4) 빈칸 추론

빈칸 추론 문제의 정답은 대부분 빈칸의 바로 앞이나 뒤의 내용을 근거로 찾을 수 있다. 답의 후보가 둘 이상이면 앞과 뒤의 연결 관계를 모두 고려하여 가장 정답에 가까운 것을 정답으로 선택하면 된다. 이 방법으로 풀리지 않는 문제는 글의 전체 유기성에 집중하며 내용 일치 관점에서 접근해야 정답을 찾을 수 있다.

017

2010 지방직 9급

밑줄 친 부분에 들어갈 말로 가장 적절한 것은?

> 다분히 진화 생물학적 관점에서, 질병은 인간의 몸 안에서 일어나는 정교하고도 합리적인 자기 조절 과정이다. 질병은 정상적인 기능을 할 수 없는 상태임과 동시에, 진화의 역사 속에서 획득한 자기 치료 과정이 _____이기도 하다. 가령, 기침을 하고, 열이 나고, 통증을 느끼고, 염증이 생기는 것 따위는 자기 조절과 방어 시스템이 작동하는 과정인 것이다.

① 문제를 일으킨 상태
② 비일상적인 특이 상태
③ 정상적으로 가동하고 있는 상태
④ 인구의 개체 변이를 도모하는 상태

---

017 해설 | 빈칸의 뒷부분에 기침이나 열, 통증 등이 '자기 조절과 방어 시스템이 작동하는 과정'이라는 언급이 있으므로 이와 관련하여 질병이 자기 치료 과정이 정상적으로 가동하고 있는 상태인 것으로 볼 수 있다.

정답 ③

018

다음 글의 빈칸에 들어갈 결론으로 가장 적절한 것은?

> 신경과학자 아이젠버거는 참가자들을 모집하여 실험을 진행하였다. 이 실험에서 그의 연구팀은 실험 참가자의 뇌를 'fMRI' 기계를 이용해 촬영하였다. 뇌의 어떤 부위가 활성화되는가를 촬영하여 실험 참가자가 어떤 심리적 상태인가를 파악하려는 것이었다. 아이젠버거는 각 참가자에게 그가 세 사람으로 구성된 그룹의 일원이 될 것이고, 온라인에 각각 접속하여 서로 공을 주고받는 게임을 하게 될 것이라고 알려주었다. 그런데 이 실험에서 각 그룹의 구성원 중 실제 참가자는 한 명뿐이었고 나머지 둘은 컴퓨터 프로그램이었다. 실험이 시작되면 처음 몇 분 동안 셋이 사이좋게 순서대로 공을 주고받지만, 어느 순간부터 실험 참가자는 공을 받지 못한다. 실험 참가자를 제외한 나머지 둘은 계속 공을 주고받기 때문에, 실험 참가자는 나머지 두 사람이 아무런 설명 없이 자신을 따돌린다고 느끼게 된다. 연구팀은 실험 참가자가 따돌림을 당할 때 그의 뇌에서 전두엽의 전대상피질 부위가 활성화된다는 것을 확인했다. 이는 인간이 물리적 폭력을 당할 때 활성화되는 뇌의 부위이다. 연구팀은 이로부터 ☐☐☐☐☐는 결론을 내릴 수 있었다.

① 물리적 폭력은 뇌 전두엽의 전대상피질 부위를 활성화한다
② 물리적 폭력은 피해자의 개인적 경험을 사회적 문제로 전환한다
③ 따돌림은 피해자에게 물리적 폭력보다 더 심각한 부정적 영향을 미친다
④ 따돌림을 당할 때와 물리적 폭력을 당할 때의 심리적 상태는 서로 다르지 않다

018 해설 | 이 글에서는 따돌림을 당할 때 활성화되는 뇌의 부위와 물리적 폭력을 당할 때 활성화되는 뇌의 부위가 전두엽의 전대상피질 부위로 동일하다고 하였다. 이로부터 따돌림을 당할 때의 심리는 물리적 폭력을 당할 때의 심리와 다르지 않음을 알 수 있다.

오답피하기 |
① 내용 일치에는 문제가 없지만 빈칸에 들어갈 새로운 내용으로는 적합하지 않다.
② 물리적 폭력이 사회적 문제라는 내용은 지문에 나타나지 않는다.
③ 따돌림이 물리적 폭력보다 더 심각한 부정적 영향을 미친다는 정보는 지문에 나타나지 않는다.

정답 ④

019

다음 빈칸에 들어갈 말로 가장 적절한 것은?

　　로빈후드는 14세기 후반인 1377년경에 인기를 끈 작품 〈농부 피어즈〉에 최초로 등장한다. 로빈후드 이야기는 주로 숲을 배경으로 전개된다. 숲에 사는 로빈후드 무리는 사슴고기를 중요시하는데 당시 숲은 왕의 영지였고 사슴 밀렵은 범죄였다. 왕의 영지에 있는 사슴에 대한 밀렵을 금지하는 법은 11세기 후반 잉글랜드를 정복한 윌리엄 왕이 제정한 것이므로 아마도 로빈후드 이야기가 그 이전 시기로까지 거슬러 올라가지는 않을 것이다. 또한 이야기에서 셔우드 숲을 한 바퀴 돌고 로빈후드를 만났다고 하는 국왕 에드워드는 1307년에 즉위하여 20년간 재위한 2세일 가능성이 있다. 1세에서 3세까지의 에드워드 국왕 가운데 이 지역의 순행 기록이 있는 사람은 에드워드 2세뿐이다. 이러한 근거를 토대로 추론할 때, 로빈후드 이야기의 시대 배경은 아마도 ☐☐☐☐☐ 일 가능성이 가장 크다.

① 11세기 후반
② 14세기 이전
③ 14세기 전반
④ 14세기 후반

019 해설 | 빈칸에는 로빈후드 이야기의 시대 배경에 해당하는 말이 들어가야 한다. 지문에 따르면 국왕 에드워드는 로빈후드를 만났다고 하는데, 그는 1307년에 즉위하여 20년간, 즉 1327년까지 재위한 에드워드 2세라고 추정된다. 따라서 로빈후드 이야기의 시대적 배경은 14세기 전반이 되겠다.　　　　**정답** ③

020

글의 통일성을 고려할 때 (가)에 들어갈 말로 가장 적절한 것은?

> 혼정신성(昏定晨省)이란 저녁에는 부모님의 잠자리를 봐드리고 아침에는 문안을 드린다는 뜻으로 자식이 아침저녁으로 부모의 안부를 물어 살핌을 뜻하는 말로 '예기(禮記)'의 '곡례편(曲禮篇)'에 나오는 말이다. 아랫목 요에 손을 넣어 방 안 온도를 살피면서 부모님께 문안을 드리던 우리의 옛 전통은 온돌을 통한 난방 방식과 관련 깊다. 온돌을 통한 난방 방식은 방바닥에 깔려 있는 돌이 열기로 인해 뜨거워지고, 뜨거워진 돌의 열기로 방바닥이 뜨거워지면 방 전체에 복사열이 전달되는 방법이다. 방바닥 쪽의 차가운 공기는 온돌에 의해 따뜻하게 데워지므로 위로 올라가고, 위로 올라간 공기가 다시 식으면 아래로 내려와 다시 데워져 위로 올라가는 대류 현상으로 인해 결국 방 전체가 따뜻해진다. 벽난로를 통한 서양식의 난방 방식은 복사열을 이용하여 상체와 위쪽 공기를 데우는 방식인데, 대류 현상으로 바닥 바로 위 공기까지는 따뜻해지지 않는다. 그 이유는 _____(가)_____.

① 벽난로에 의한 난방은 방바닥의 따뜻한 공기가 위로 올라가 식으면 복사열로 위쪽의 공기만을 따뜻하게 하기 때문이다
② 벽난로에 의한 난방이 복사열에 의한 난방에서 대류 현상으로 인한 난방이라는 순서로 이루어졌기 때문이다
③ 대류 현상을 통한 난방 방식은 상체와 위쪽의 공기만 따뜻하게 하기 때문이다
④ 상체와 위쪽의 따뜻한 공기는 차가운 바닥으로 내려오지 않기 때문이다

020 해설 | 제시문에서 대류 현상을 통해 따뜻한 공기는 위로 올라가고, 차가운 공기는 아래로 내려오는 성질이 있다는 것을 알 수 있다. 즉 벽난로에 의한 난방은 상체와 위쪽 공기만 데우는 방식이므로 따뜻해진 공기는 계속 위에 머물고, 바닥의 찬 공기는 계속 아래에 남아 있을 것이다. 따라서 (가)에 들어갈 말로, 상체와 위쪽의 따뜻한 공기는 차가운 바닥으로 내려오지 않기 때문이라는 설명이 가장 적절하다.

오답피하기 |
① 벽난로를 통한 서양식의 난방 방식은 복사열을 이용하여 상체와 위쪽 공기를 데우는 방식이라고 하였다. 따라서 벽난로에 의한 난방은 애초에 방바닥의 공기를 따뜻하게 만들지 못한다는 것을 알 수 있다.
② 복사열에 의한 난방과 대류 현상으로 인한 난방의 순서는 상관이 없다.
③ 벽난로를 통한 서양식의 난방 방식은 복사열을 이용하여 상체와 위쪽 공기를 데우는 방식이라고 하였다. 따라서 대류 현상을 통한 난방 방식은 상체와 위쪽의 공기만 따뜻하게 하는 것과 관련이 없다.

정답 ④

(5) 순서 맞추기

순서 맞추기 문제를 해결하기 위해서는 앞 내용의 마지막이 뒤 내용의 첫머리에 이어진다는 사실을 놓쳐서는 안 된다. 물론 동일한 표현이 반복되진 않을 수 있다. 그러나 동일한 의미는 반복될 가능성이 매우 높다. 선택지부터 보면서 이 방법을 적용하면 정답을 빠르게 도출할 수 있다. 선택지의 흐름대로 글을 읽다가 위화감이 느껴지지 않으면 다른 선택지는 볼 필요가 없다. 자신이 정한 답에 자신이 없어서 다른 선택지도 함께 고민한다면 문제 푸는 시간이 오래 걸려서 그 문제를 틀리는 것과 다를 바가 없게 된다.

순서 맞추기 문제가 어렵게 출제되는 경우에는 그 문제를 버리는 것도 생각해 봐야 한다. 시험 날에 가까워질수록 문제를 버릴 수 있는 지혜와 결단력을 키워야 한다.

021
2018 국회직 9급

다음 밑줄 친 문장이 들어갈 위치로 가장 적절한 곳은?

> 그러나, 문학을 비롯한 모든 예술은 인간을 총체적으로 다룬다.

> 사실상 모든 예술·학문은 인간을 위해 봉사한다. 그것은 인간에게만 또한 봉사하고 있다. (㉠) 인간을 대상으로 다루고 있는 인문과학은 인간의 어느 한 면만을 연구하고 관찰한다. (㉡) 사회학은 인간과 사회와의 관계를, 심리학은 인간의 심리를 분석하고 종합한다. (㉢) 문학은 어떤 개인이 인간의 한 측면만을 붙잡고 씨름함으로써 인간을 피상적으로, 그리고 단편적으로 파악할지도 모를 단점을 막고 인간을 총체적으로 보게 한다. (㉣) 인간이 단편적으로 파악될 때 억지가 생겨나고 불건강한 사회가 형성된다. (㉤) 문학은 그러한 불균형을, 인간을 총체적으로 제시함으로써 교정시킨다.

① ㉠ ② ㉡ ③ ㉢ ④ ㉣ ⑤ ㉤

---

021 해설 | 이 문제를 해결하기 위해서는 '사회학은 인간과 사회와의 관계를, 심리학은 인간의 심리를 분석하고 종합한다.'는 말이 곧 '인문과학은 인간의 어느 한 면만을 연구하고 관찰한다'는 말과 같은 말인지 알아야 한다. 이러한 유기성이 없다면 밑줄 친 문장이 ㉢에 들어가야 하는 것을 알 수 없다.

정답 ③

022

다음 글이 들어갈 곳으로 가장 적절한 것은?

> 인형은 사람처럼 박자에 맞춰 춤을 추고 노래도 부르고 심지어 공연이 끝날 무렵에는 구경하던 후궁들에게 윙크를 하며 추파를 던지기까지 했다. 인형의 추태에 화가 난 목왕이 그 기술자를 죽이려고 하자 그는 서둘러 인형을 해체했고 그제야 인형의 실체가 드러났다.

(㉠) 어느 날 서쪽 지방으로 순행을 나간 목왕은 곤륜산을 넘어 돌아오는 길에 재주가 뛰어난 기술자를 만났다. 목왕은 그 기술자에게 그가 만든 가장 훌륭한 물건을 가져오라고 명했다. 하지만 그가 가지고 온 것은 물건이 아니었다. 이를 이상히 여긴 목왕이 왜 물건을 가지고 오지 않고 사람을 데리고 왔는지 묻자, 그는 이것이 움직이는 인형이라고 답했다. (㉡) 이에 놀란 목왕은 그 인형을 꼼꼼히 살펴봤지만 사람과 다른 점을 하나도 발견할 수 없었다. (㉢) 그것은 색을 칠한 가죽과 나무로 만들어진 기계장치였다. 하지만 그것은 오장육부는 물론 뼈, 근육, 치아, 피부, 털까지 사람이 갖춰야 할 모든 것을 갖추고 있었다. 마침내 목왕은 그에게 "자네 솜씨는 조물주에 버금가도다!"라고 크게 칭찬했다. (㉣)

① ㉠   ② ㉡   ③ ㉢   ④ ㉣

022 해설 | 제시된 문장 다음에 유기적으로 나타나야 할 내용은 '인형의 실체'이다. 그러나 글에서 '인형의 실체는 ~이다'라고 설명한 문장은 없다. 대신 '그것은 색을 칠한 가죽과 나무로 만들어진 기계장치였다'는 문장을 통해 '인형의 실체'를 밝히고 있다. '인형의 실체'와 '그것은 색을 칠한 가죽과 나무로 만들어진 기계장치였다'는 서로 같은 표현은 아니지만 같은 의미를 띠고 있다. 따라서 수험생들에게 유기성을 파악하는 눈이 없다면 이 문제를 해결하기란 쉽지 않다.

정답 ③

1) 일화, 시사적 내용, 주요 개념(=소재)의 배경 → 주요 개념(=소재)

023
다음 글의 전개 순서로 가장 적절한 것은?

2013 국가직 9급

> ㄱ. 도구의 발달은 기술의 발전으로 이어져 인간은 자연 환경의 제약으로부터 벗어날 수 있게 되었다.
> ㄴ. 그리하여 인간은 자연이 주는 혜택과 고난 속에서 자신의 의지에 따라 선택적으로 자연을 이용하고 극복하게 되었다.
> ㄷ. 인류는 지혜가 발달하면서 점차 자연의 원리를 깨닫고 새로운 도구를 만들 줄 알게 되었다.
> ㄹ. 필리핀의 고산 지대에서 농지가 부족한 자연 환경을 극복하기 위해 계단처럼 논을 만들어 벼농사를 지은 것이 그 좋은 예이다.

① ㄱ-ㄷ-ㄴ-ㄹ
② ㄱ-ㄹ-ㄷ-ㄴ
③ ㄷ-ㄱ-ㄴ-ㄹ
④ ㄷ-ㄴ-ㄱ-ㄹ

---

023 해설 | 윗글의 핵심 개념은 '도구'이다. 따라서 제일 먼저 와야 할 내용은 ㄷ이다. ㄷ을 통해 '인류의 지혜'에서 자연스럽게 핵심 개념인 '도구' 그리고 '도구의 발달'로 글이 전개되고 있다.

정답 ③

2) 동일 내용 → 다음 내용

024
다음 글의 연결 순서로 가장 자연스러운 것은?

2010 국가직 7급

> (가) 바위에 눌어붙은 기름들은 좀처럼 닦이질 않았다.
> (나) 바다에서 불어오는 바람은 찼고, 장화 속 발가락은 금세 딱딱해졌다.
> (다) 발을 옮길 때마다 장화에 찐득찐득한 기름이 달라붙었다.
> (라) 끌, 숟가락, 젓가락, 스테인리스 밥그릇까지 동원해 긁어내야 했다.
> (마) 그러기를 5시간, 닦아낸 돌은 겨우 12개였다.
> (바) 대천항에서도 배로 1시간 거리의 녹도는 아직까지 기름투성이었다.
> (사) 지난 주말 충남 보령시 녹도로 기름 방제 자원봉사를 다녀왔다.

① (사) – (바) – (가) – (다) – (나) – (마) – (라)
② (사) – (바) – (나) – (가) – (마) – (다) – (라)
③ (가) – (라) – (나) – (마) – (사) – (다) – (바)
④ (사) – (바) – (다) – (가) – (라) – (나) – (마)

024 해설 | 윗글은 시사적인 내용인 (사)로 시작하여 (바)-(다)를 통해 '녹도가 기름투성이임'을 밝히고 있다. 그리고 (가)-(라)를 통해 '기름이 닦이지 않았다는 내용'을, (나)를 통해 '외부 환경의 어려움'과 (마)를 통해 '시간이 흐른 뒤의 결과'를 제시하고 있다. **정답** ④

3) 정리하는 내용은 제일 마지막

025

<보기>에 이어질 (가)~(다)의 순서로 가장 자연스러운 것은?

─ 보기 ─
우리는 왜 글을 쓰는가? 우리의 경험이나 사고를 기록해 두거나 타인에게 더욱 확실히 전달하기 위해서이다. 글을 쓰는 목적을 이렇게 규정하면, 경험이나 사고는 시간적으로나 논리적으로 언어에 선행하며 그것들은 언어와 서로 분리가 가능한 독립적인 존재처럼 보이기 쉽다.

(가) 글로 쓰이기 이전의 경험이나 사고는 의식 활동인 만큼 불확실하고 막연할 수밖에 없으며, 오래 지속되기도 어렵다. 의식 활동에 속하는 경험이나 사고는 언어로 기록될 때 비로소 그 내용이 더 확실해지고 섬세하며 복잡한 차원으로 발전될 수 있다. 우리가 글을 쓰는 것은 고차원의 경험과 사고를 위해서이다.

(나) 글을 쓰는 근본적인 이유는 이와 같은 고차원의 경험과 사고 과정에서 인생과 세계에 대해 더 잘 생각하고 더 정확히 인식해 보자는 데 있다. 우리는 글을 씀으로써 자신을 포함해 인간의 삶과 세계를 더욱 투명하게 파악하고자 하는 것이다.

(다) 그러나 경험이나 사고는 언어와 분리될 수 없다. 경험이나 사고는 언어에 의해 기록과 전달이 이루어진다는 점에서 그것은 곧 언어활동이다. 이렇게 보면 글을 쓰는 이유는 경험이나 사고의 기록과 전달에만 있지 않다. 경험이나 사고를 복잡한 차원으로 발전시키기 위해서도 필요하다.

① (가) - (나) - (다)
② (가) - (다) - (나)
③ (다) - (가) - (나)
④ (다) - (나) - (가)

025 해설 | <보기>에서는 우리가 글을 쓰는 이유가 '경험이나 사고를 기록해 두거나 타인에게 더욱 확실히 전달하기 위해서'라는 설명이 나타나 있다. 또한 경험이나 사고가 언어와 서로 분리가 가능한 독립적인 존재처럼 보이기 쉽다는 내용도 나타나 있다. 따라서 경험이나 사고가 언어와 분리될 수 없다고 <보기>의 내용을 반박한 (다)가 그다음에 이어져야 적절하다. (다)에서는 글을 쓰는 이유가 경험이나 사고를 복잡한 차원으로 발전시키기 위해서라는 설명이 나타나 있다. 따라서 글을 통해 경험이나 사고를 복잡한 사고로 발전시킬 수 있음을 자세하게 설명한 (가)가 (다) 다음에 이어져야 적절하다. 마지막에는 글을 쓰는 근본적인 이유와 글쓰기를 통해 이루려는 목적을 정리한 (나)가 오는 것이 적절하다. 그러므로 <보기> 다음 올 내용의 전체 순서는 '(다)-(가)-(나)'가 된다.

정답 ③

026

다음 글의 전개 순서로 가장 자연스러운 것은?

> **(가)** 이 기관을 잘 수리하여 정련하면 그 작동도 원활하게 될 것이요, 수리하지 아니하여 노둔해지면 그 작동도 막혀 버릴 것이니 이런 기관을 다스리지 아니하고야 어찌 그 사회를 고취하여 발달케 하리오.
> **(나)** 이러므로 말과 글은 한 사회가 조직되는 근본이요, 사회 경영의 목표와 지향을 발표하여 그 인민을 통합시키고 작동하게 하는 기관과 같다.
> **(다)** 말과 글이 없으면 어찌 그 뜻을 서로 통할 수 있으며, 그 뜻을 서로 통하지 못하면 어찌 그 인민들이 서로 이어져 번듯한 사회의 모습을 갖출 수 있으리오.
> **(라)** 그뿐 아니라 그 기관은 점점 녹슬고 상하여 필경은 쓸 수 없는 지경에 이를 것이니 그 사회가 어찌 유지될 수 있으리오. 반드시 패망을 면하지 못할지라.
> **(마)** 사회는 여러 사람이 그 뜻을 서로 통하고 그 힘을 서로 이어서 개인의 생활을 경영하고 보존하는 데에 서로 의지하는 인연의 한 단체라.
>
> – 주시경, <대한국어문법 발문>에서

① (마) - (가) - (다) - (나) - (라)
② (마) - (가) - (라) - (다) - (나)
③ (마) - (다) - (가) - (라) - (나)
④ (마) - (다) - (나) - (가) - (라)

026 해설 | 선택지에서 공통적으로 (마)가 가장 먼저 제시되어 있는데, (마)에서는 사회는 여러 사람이 모여 '그 뜻'을 서로 통하고 힘을 서로 이어서 서로 의지하는 인연의 한 단체라고 설명하고 있다. 그리고 (다)는 '그 뜻'을 통하게 하기 위해서는 '말과 글'이 있어야 함을 강조하고, 이를 바탕으로 (나)는 '말과 글'은 사회가 조직되는 근본이자, 사회 경영의 목표와 지향, 통합을 관리하는 '기관'이라고 설명하고 있다. 따라서 (마) 다음에는 (다)와 (나)가 순차적으로 이어져야 한다. (나)에서 '말과 글'을 '기관'이라고 언급한 바를 이어서 '이 기관'에 대해 부연하고 있는 (가)가 오고, '그뿐 아니라'라는 표지로 (가)의 내용에 더해 '그 기관'의 중요성을 강조하는 (라)가 이어져야 한다. 따라서 제시된 글의 전개 순서로 가장 적절한 것은 (마) - (다) - (나) - (가) - (라)이다.

정답 ④

027

(가)~(라)를 맥락에 맞추어 가장 적절하게 나열한 것은?

(가) 다음으로 시청자의 마음을 사로잡을 수 있는 참신한 인물을 창조해야 한다. 특히 주인공은 장애를 만나 새로운 목표를 만들고, 그것을 이루는 과정에서 최종적으로 영웅이 된다. 시청자는 주인공이 목표를 이루는 데 적합한 인물로 변화를 거듭할 때 그에게 매료된다.

(나) 스토리텔링 전략에서 제일 먼저 해야 할 일이 로그라인을 만드는 것이다. 로그라인은 '장애, 목표, 변화, 영웅'이라는 네 가지 요소를 담아야 하며, 3분 이내로 압축적이어야 한다. 이를 통해 스토리의 목적과 방향이 마련된다.

(다) 이 같은 인물 창조의 과정에서 스토리의 주제가 만들어진다. '사랑과 소속감, 안전과 안정, 자유와 자발성, 권력과 책임, 즐거움과 재미, 인식과 이해'는 수천 년 동안 성별, 나이, 문화를 초월하여 두루 통용된 주제이다.

(라) 시청자가 드라마나 영화에 대해 시청 여부를 결정하는 데 걸리는 시간은 8초에 불과하다. 제작자는 이 짧은 시간 안에 시청자를 사로잡을 수 있는 스토리텔링 전략이 필요하다.

① (나) - (가) - (라) - (다)
② (나) - (다) - (가) - (라)
③ (라) - (나) - (가) - (다)
④ (라) - (나) - (다) - (가)

027 해설 | 이 글은 '스토리텔링 전략'에 대해서 말하고 있다. 먼저 (라)를 통해 화두를 제시한 후, (나)를 통해 스토리텔링 전략을 실현하기 위해서 제일 먼저 해야 할 일이 무엇인지 밝힌다. 그 뒤 (가)를 통해 참신한 인물을 창조해야 하며, (다)를 통해 이런 인물 창조를 통해 주제가 만들어질 수 있음을 보여준다.

정답 ③

028

(가)~(다)를 맥락에 맞게 순서대로 나열한 것은?

> 북방에 사는 매는 덩치가 크고 사냥도 잘한다. 그래서 아시아에서는 몽골 고원과 연해주 지역에 사는 매들이 인기가 있었다.
> **(가)** 조선과 일본의 단절된 관계는 1609년 기유조약이 체결되면서 회복되었다. 하지만 이때는 조선과 일본이 서로를 직접 상대했던 것이 아니라 두 나라 사이에 끼어있는 대마도를 매개로 했다. 대마도는 막부로부터 조선의 외교·무역권을 위임받았고, 조선은 그러한 대마도에게 시혜를 베풀어줌으로써 일본과의 교린 체계를 유지해 나가려고 했다.
> **(나)** 일본에서 이 북방의 매에 접근할 수 있는 길은 한반도를 통하는 것 외에는 없었다. 그래서 한반도와 일본 간의 교류에 매가 중요한 물품으로 자리 잡았던 것이다. 하지만 임진왜란으로 인하여 교류는 단절되었다.
> **(다)** 이러한 외교관계에 매 교역이 자리하고 있었다. 대마도는 조선과의 공식적, 비공식적 무역을 통해서도 상당한 이익을 취했다. 따라서 조선후기에 이루어진 매 교역은 경제적인 측면과 정치·외교적인 성격이 강했다.

① (가)-(다)-(나)
② (나)-(가)-(다)
③ (나)-(다)-(가)
④ (다)-(나)-(가)

028 해설 | 이 글은 '북방에 사는 매'가 인기가 많았다는 내용으로 시작한다. 따라서 다음에 나올 내용은 (나)이다. 인기 있는 매를 일본에서 수입할 수 있는 방법은 한반도를 통하는 것밖에 없었다는 내용이 와야 한다. 그리고 (나) 말미에 임진왜란 때문에 이러한 교류가 단절되었다고 끝났으므로 다음에는 (가)의 단절된 외교가 회복되었다는 내용이 와야 한다. (가)는 일본과의 교린 체계를 유지하려고 했다는 내용으로 끝났고, 다음에는 (다)가 와서 이러한 외교관계에는 매 교역이 중심이었다는 내용이 와야 한다.

정답 ②

memo

권규호공무원국어

제2장

강화·약화

제2장. 강화·약화

1 강화·약화

(1) 강화·약화

강화·약화 문제를 해결하기 위해서는 주장을 강화하는 것과 주장을 약화하는 것 그리고 주장을 강화하지도 약화하지도 않는 것으로 구별할 수 있어야 한다. 주장과 동일한 내용을 반복하면 강화하는 것이고, 주장에서 서술어를 뒤집거나 반례를 제시하면 약화하는 것, 주장과 접점을 찾을 수 없으면 강화하지도 약화하지도 않는 것이 된다.

예	경기 관람하는 사람 수가 많으면 홈팀이 유리하다.
<강화>	경기 티켓이 많이 팔릴수록 홈팀 승률이 점점 높아진다.
<약화>	경기 관람하는 사람 수가 많으면 홈팀이 유리하지 않다.
	경기 티켓이 매진되었는데도 홈팀이 패배한 적이 많았다.
<강화·약화×>	경기 관람하는 사람 수가 많으면 홈팀의 유니폼이 전보다 더 팔린다.

001

㉠을 평가한 내용으로 적절한 것만을 <보기>에서 모두 고르면?

> 흔히 '일곱 빛깔 무지개'라는 말을 한다. 서로 다른 빛깔의 띠 일곱 개가 무지개를 이루고 있다는 뜻이다. 영어나 프랑스어를 비롯해 다른 자연언어들에도 이와 똑같은 표현이 있는데, 이는 해당 자연언어가 무지개의 색상에 대응하는 색채 어휘를 일곱 개씩 지녔기 때문이라고 할 수 있다.
>
> 언어학자 사피어와 그의 제자 워프는 여기서 어떤 영감을 얻었다. 그들은 서로 다른 언어를 쓰는 아메리카 원주민들에게 무지개의 띠가 몇 개냐고 물었다. 대답은 제각각 달랐다. 사피어와 워프는 이 설문 결과에 기대어, 사람들은 자신의 언어에 얽매인 채 세계를 경험한다고 판단했다. 이 판단으로부터, "우리는 모국어가 그어놓은 선에 따라 자연세계를 분단한다."라는 유명한 발언이 나왔다. 이에 따르면 특정 현상과 관련한 단어가 많을수록 해당 언어권의 화자들은 그 현상에 대해 심도 있게 경험하는 것이다. 언어가 의식을, 사고와 세계관을 결정한다는 이 견해는 ㉠사피어-워프 가설이라 불리며 언어학과 인지과학의 논란거리가 되어왔다.

―보기―

ㄱ. 눈[雪]을 가리키는 단어를 4개 지니고 있는 이누이트족이 1개 지니고 있는 영어 화자들보다 눈을 넓고 섬세하게 경험한다는 것은 ㉠을 강화한다.

ㄴ. 수를 세는 단어가 '하나', '둘', '많다' 3개뿐인 피라하족의 사람들이 세 개 이상의 대상을 모두 '많다'고 인식하는 것은 ㉠을 강화한다.

ㄷ. 색채 어휘가 적은 자연언어 화자들이 색채 어휘가 많은 자연언어 화자들에 비해 색채를 구별하는 능력이 뛰어나다는 것은 ㉠을 약화한다.

① ㄱ
② ㄱ, ㄴ
③ ㄴ, ㄷ
④ ㄱ, ㄴ, ㄷ

---

001 해설 | ㉠'사피어-워프 가설'은 언어가 사고를 결정한다는 언어 우위론적 관점이다.
ㄱ(○): '눈'과 관련된 단어의 개수가 '눈'을 인지하고 사고하는 데 영향을 끼친다는 의미이므로 이 내용은 ㉠을 강화한다.
ㄴ(○): 수를 세는 단어가 '하나', '둘', '많다'밖에 없는 피라하족이 세 개 이상에 대해서는 '세 개, 네 개' 등 구체적으로 인식하지 않고 단지 '많다'라고만 인식한다는 것은 사고가 언어의 영향을 지대히 받는다는 의미이다. 만약 사고가 언어의 영향을 받지 않는다면 "세 개 이상의 대상을 네 개, 다섯 개 등으로 구별할 수 있다"와 같은 언급이 나와야 한다.
ㄷ(○): 색채 어휘가 적더라도 색채를 구별하는 능력, 즉 사고력이 뛰어나다는 것은 사고가 언어에 영향을 받지 않는다는 의미이므로 ㄷ은 ㉠을 약화하는 증거이다.

정답 ④

[002~003] 다음 글을 읽고 물음에 답하시오.

> 영국의 유명한 원형 석조물인 스톤헨지는 기원전 3,000년경 신석기시대에 세워졌다. 1960년대에 천문학자 호일이 스톤헨지가 일종의 연산장치라는 주장을 하였고, 이후 엔지니어인 톰은 태양과 달을 관찰하기 위한 정교한 기구라고 확신했다. 천문학자 호킨스는 스톤헨지의 모양이 태양과 달의 배열을 나타낸 것이라는 의견을 제시해 관심을 모았다.
>
> 그러나 고고학자 앳킨슨은 ㉠그들의 생각을 비난했다. 앳킨슨은 스톤헨지를 세운 사람들을 '야만인'으로 묘사하면서, ㉡이들은 호킨스의 주장과 달리 과학적 사고를 할 줄 모른다고 주장했다. 이에 호킨스를 옹호하는 학자들이 진화적 관점에서 앳킨슨을 비판하였다. ㉢이들은 신석기시대보다 훨씬 이전인 4만 년 전의 사람들도 신체적으로 우리와 동일했으며 지능 또한 우리보다 열등했다고 볼 근거가 없다고 주장했다.
>
> 하지만 스톤헨지의 건설자들이 포괄적인 의미에서 현대인과 같은 지능을 가졌다고 해도 과학적 사고와 기술적 지식을 가지지는 못했다. ㉣그들에게는 우리처럼 2,500년에 걸쳐 수학과 천문학의 지식이 보존되고 세대를 거쳐 전승되어 쌓인 방대하고 정교한 문자 기록이 없었다. 선사시대의 생각과 행동이 우리와 똑같은 식으로 전개되지 않았으리라는 점은 매우 중요하다. 지적 능력을 갖췄다고 해서 누구나 우리와 같은 동기와 관심, 개념적 틀을 가졌으리라고 생각하는 것은 잘못이다.

002
2025 예시문제 1차

윗글에 대해 평가한 내용으로 가장 적절한 것은?

① 스톤헨지가 제사를 지내는 장소였다는 후대 기록이 발견되면 호킨스의 주장은 강화될 것이다.
② 스톤헨지 건설 당시의 사람들이 숫자를 사용하였다는 증거가 발견되면 호일의 주장은 약화될 것이다.
③ 스톤헨지의 유적지에서 수학과 과학에 관련된 신석기시대 기록물이 발견되면 글쓴이의 주장은 강화될 것이다.
④ 기원전 3,000년경 인류에게 천문학 지식이 있었다는 증거가 발견되면 앳킨슨의 주장은 약화될 것이다.

002 해설 | 이 글은 스톤헨지를 연산장치 또는 태양과 달을 관찰하기 위한 정교한 도구로 봐서 스톤헨지를 세운 사람들의 지적 능력이 출중하다고 보는 입장과 이에 반대하며 스톤헨지를 세운 사람들을 야만인으로 보는 입장의 대립을 다루고 있다. 전자의 입장을 주장하는 사람들은 스톤헨지를 세운 사람들이 현생 인류와 신체적, 지적으로 동일하다고 근거를 내세운다. 반면 후자의 입장을 견지하는 사람들은 비록 스톤헨지를 세운 사람들이 지적 능력이 동일하다고 해도 과학적 사고와 기술적 지식을 갖지 못했고, 수학과 천문학적 지식도 없었으므로 우리와 동일시하는 것은 잘못이라고 판단한다. 그런데 만약 ④번의 내용처럼 스톤헨지 건설 당시에 천문학적 지식이 있다는 증거가 발견된다면 후자의 입장은 약화될 것이다. 따라서 ④번의 평가는 적절하므로 답이 된다.

오답피하기 |
① 스톤헨지가 제사를 지내는 장소라는 것은 스톤헨지가 연산장치나 천문학과 관련된 것이 아니라는 증거가 되므로 호킨스의 주장을 약화한다.
② 스톤헨지를 건설한 사람들이 숫자를 사용하였다는 주장은 호일의 주장을 강화한다.
③ 글쓴이의 입장은 스톤헨지가 지적인 산물이 아니라는 쪽이므로 스톤헨지 유적지에서 수학이나 과학과 관련된 기록물이 발견된다면 글쓴이의 주장은 약화될 것이다.

정답 ④

003

문맥상 ㈀~㈃ 중 지시 대상이 같은 것만으로 묶인 것은?

① ㈀, ㈂
② ㈁, ㈃
③ ㈀, ㈁, ㈂
④ ㈀, ㈁, ㈃

003 해설 | 문맥을 고려하여 ㈀~㈃을 구체적으로 밝히면 다음과 같다.
㈀ 앳킨슨이 비판하는 스톤헨지를 지적인 산물로 보는 이들
㈁ 스톤헨지 건설자들
㈂ 앳킨슨을 비판하는 사람들
㈃ 스톤헨지 건설자들
이 중 동일한 대상을 지칭하는 것은 ㈁과 ㈃이므로 정답은 ②번이 된다.

정답 ②

004

다음 글의 ㉠을 강화하는 것만을 <보기>에서 모두 고르면?

> 신석기시대에 들어 인류는 제대로 된 주거 공간을 만들게 되었다. 인류의 초기 주거 유형은 특히 바닥을 어떻게 만드느냐에 따라 구분된다. 이는 지면을 다지거나 조금 파고 내려가 바닥을 만드는 '움집형'과 지면에서 떨어뜨려 바닥을 설치하는 '고상(高床)식'으로 나뉜다.
>
> 중국의 고대 문헌에 등장하는 '혈거'와 '소거'가 각각 움집형과 고상식 건축이다. 움집이 지붕으로 상부를 막고 아랫부분은 지면을 그대로 활용하는 지붕 중심 건축이라면, 고상식 건축은 지면에서 오는 각종 침해에 대비해 바닥을 높이 들어 올린 바닥 중심 건축이라 할 수 있다. 인류의 주거 양식은 혈거에서 소거로 진전되었다는 가설이 오랫동안 지배했다. 바닥을 지면보다 높게 만드는 것이 번거롭고 어렵다고 여겨졌기 때문이다. 그런데 1970년대에 중국의 허무두에서 고상식 건축의 유적이 발굴되면서 새로운 ㉠주장이 제기되었다. 그것은 혈거와 소거가 기후에 따라 다른 자연환경에 적응해 발생했다는 것이다.

―보기―
ㄱ. 우기에 비가 넘치는 산간 지역에서는 고상식 주거 건축물 유적만 발견되었다.
ㄴ. 움집형 집과 고상식 집이 공존해 있는 주거 양식을 보여 주는 집단의 유적지가 발견되었다.
ㄷ. 여름에는 고상식 건축물에서, 겨울에는 움집형 건축물에서 생활한 집단의 유적이 발견되었다.

① ㄱ, ㄴ
② ㄱ, ㄷ
③ ㄴ, ㄷ
④ ㄱ, ㄴ, ㄷ

---

004 해설 | ㉠은 혈거와 소거가 문명의 발전에 따라 나타난 건축 양식이 아니라 기후에 따라 다른 자연환경에 적응하기 위해 발생했다고 보는 입장이다.
ㄱ(○): 우기에 비가 넘치는 산간 지역에서는 고상식 주거 건축물 유적만 발견되었다는 것은 우기라는 기후에 적응해 고상식 건축물이 발생했다는 입장으로 ㉠의 주장을 강화한다.
ㄴ(×): 움집형 집과 고상식 집이 공존했다는 사례는 기후나 자연환경에 따라 혈거와 소거가 발생한다는 주장을 강화하지는 않는다. 움집형과 고상식이 자연환경 때문에 공존했다는 내용이 나타나지 않았기 때문이다.
ㄷ(○): 여름 기후에는 고상식 건축물에서, 겨울 기후에는 움집형 건축물에서 살았다는 사례는 자연환경에 따라 혈거와 소거가 나타났다는 ㉠의 입장에 부합한다. 따라서 ㄷ의 사례는 ㉠을 강화한다.

정답 ②

005

다음 글의 ㉠~㉢을 평가한 내용으로 적절하지 않은 것은?

> ㉠전통 미술을 옹호하는 사람들은 순수 미술은 예술과 일상적 사물이 본질적으로 구별된다고 생각한다. 그들에 따르면 일상적 사물은 결코 예술이 될 수가 없다. 그런데 뒤샹의 『샘』 이후에 이런 입장은 강력한 도전을 받게 된다. 뒤샹은 평범한 소변기를 『샘』이라는 제목으로 전시하였다. 사실 뒤샹의 예술 작품은 외관상 실제 소변기와 차이가 없다. 심지어 뒤샹의 작품과 일상 사물 사이에는 기능적 차이도 존재하지 않는다. 『샘』은 순수 미적 판단의 대상으로만 존재하지 않고 언제든지 도구적 대상으로 취급될 수 있다. 그럼에도 뒤샹의 소변기는 예술 작품으로 인정된다.
>
> 이에 ㉡단토는 일상적 사물이 예술 작품으로 인정받는 현실을 향해 예술 종말론을 주창하였다. 그에 따르면 이제 모든 것이 예술이 될 수 있다는 것이다. 그에 따르면 일상의 도구 역시 예술 작품이 될 수 있다. 이는 ㉢디키의 예술 제도론과 관련된다. 디키는 작가의 작품이 예술로 인정받는 것은 예술계 때문이라고 말한다. 그에 따르면 예술품과 일상적 사물의 차이는 본질적으로 존재하지 않는다. 즉 제도로 존재하는 예술계의 인정을 받은 사물은 예술로 인정을 받지만 그렇지 못한 작품은 예술로 인정받지 못한다는 것이다.

① 『샘』과 평범한 소변기 사이에 외관적 차이가 없다는 것은 ㉠의 주장을 강화한다.
② 예술 작품이 도구적 기능을 유지하고 있다는 것은 ㉡의 주장을 강화한다.
③ 예술 작품에 고유한 미적 본질이 없다는 것은 ㉡의 주장을 강화한다.
④ 식기와 고려청자 사이에는 본질적 차이가 있다는 것은 ㉢의 주장을 약화한다.

---

005 해설 | ㉠'전통 미술을 옹호하는 사람들'은 미술 작품과 일상적 사물 사이에 본질적 차이가 존재한다고 주장하는 입장이다. 따라서 『샘』과 평범한 소변기 사이에 외관적 차이가 없다는 것은 ㉠의 주장을 강화하는 정보가 아니라 오히려 약화하는 정보이다.

오답피하기 |

② ㉡'단토'는 예술 작품과 일상의 도구 사이에는 차이가 없으며, 일상의 도구 역시 예술 작품이 될 수 있다고 주장하였다. 따라서 예술 작품이 도구적 기능을 유지하고 있다면 이는 일상의 도구가 예술 작품이 된 것으로 볼 수 있는바, 이는 단토의 주장을 강화한다.
③ ㉡'단토'는 예술 작품과 일상의 도구 사이에는 차이가 없다고 주장하였다. 따라서 예술 작품만의 고유한 미적 본질이 없다는 것은 곧 예술 작품과 일상의 도구 사이에는 차이가 없다는 의미인바, 이는 단토의 주장을 강화한다.
④ ㉢'디키'는 예술품과 일상적 사물의 차이는 본질적으로 존재하지 않는다고 하였다. 따라서 일상적 사물인 식기와 예술 작품인 고려청자 사이에 본질적 차이가 있다는 것은 디키의 주장을 약화한다.

정답 ①

006
다음 글에 대한 추론으로 적절하지 않은 것은?

우리 헌법 제1조 제2항은 민주주의의 대원칙을 담고 있는 아주 간단한 문장이다. "대한민국의 주권은 국민에게 있고, 모든 권력은 국민으로부터 나온다."가 그것이다. 여기서 "모든 권력은 국민으로부터 나온다."라는 규정은 모든 권력의 행사는 곧 국민의 뜻에 따라 이루어져야 한다는 의미로 해석할 수 있다.

그런데 다른 한편 우리 헌법은 "입법권은 국회에 속하고"(제40조), "국회의원은 국가 이익을 우선하여 양심에 따라 직무를 행한다."(제46조 제2항)라고 규정하고 있다. 아주 간단하고 이의를 달 필요가 없는 당위적인 문장처럼 보이지만 간단치 않다. 입법권이 국회에 속하는 이상 모든 것은 국회의원들이 결정하는데, 그때 지역구 주민과 국회의원의 의견이 다를 경우 입법은 어디까지나 국회의원의 생각에 따라야 한다는 뜻이다.

헌법학에서는 '지역구 주민의 뜻이냐 국회의원의 독자 판단이냐' 중에서 후자를 선택한다. 즉 '국민이 직접 정치적인 결정을 내리지 않고 그 대표를 통해서 간접적으로만 정치적인 결정에 참여하는 기관 구성의 원리요, 의사 결정의 원리'를 일컬어 '대의 제도'라고 부르고 있다. 그런데 이것은 원론적인 직접 민주주의 이념과는 조화를 이루기가 어렵다고 볼 수 있다.

① 국회의원은 투표권자의 이익을 최우선시해야 한다는 입장은 헌법 제1조 제2항의 원칙을 중시할 것이다.
② 국회의원은 국민의 대리자로서의 역할에 충실해야 한다는 입장은 헌법 제1조 제2항의 원칙을 중시할 것이다.
③ 국회의원은 지역구의 이익보다 국가의 이익을 중시해야 한다는 입장은 헌법 제1조 제2항의 원칙을 중시할 것이다.
④ 국회의원은 포퓰리즘에 빠지지 않고 이성적으로 사고하여 입법을 추진해야 한다는 입장은 헌법 제46조 제2항의 원칙을 중시할 것이다.

006 해설 | 국회의원이 지역구의 이익보다 국가의 이익을 중시해야 한다는 입장은 국회의원이 자신을 뽑아준 투표권자의 이익보다는 국가 이익을 우선하여 양심에 따라 직무를 행한다는 제46조 제2항의 원칙과 맞닿아 있다. 따라서 이 입장은 제1조 제2항의 원칙보다는 제46조 제2항의 원칙을 중시할 것이므로 ③번의 언급은 적절하지 않다.

정답 ③

007

㉠, ㉡의 주장에 대한 비판으로 적절하지 않은 것은?

> 뉴미디어에 바탕을 둔 정보 사회의 미래상에 대해 가장 매혹적이고 원대한 시나리오를 쓴 사람은 ㉠앨빈 토플러이다. 그에 따르면 산업 사회의 원리가 대량 생산, 대량 전달, 대량 소비라고 한다면 정보 사회의 원리는 다품종 소량의 주문 생산에 있고, 이에 따라 이미지, 생산, 소비, 생활 양식, 가치관 등에 이르기까지 모든 면에서 다양화·탈규격화가 이룩되리라고 한다. 그뿐만 아니라 미래 정보 사회에 사는 사람들은 전문화·분업화를 원리로 했던 산업 사회에서는 서로 분리되었던 추상적인 것과 구체적인 것, 객관과 주관 사이의 균형을 추구하게 될 것이라고 예언하고 있다.
>
> 반면에 뉴미디어에 대한 ㉡비관론자들은 우선 뉴미디어에 의해 촉진되는 자동화 혁명은 대량의 실업 사태를 유발하리라고 전망한다. 그뿐만 아니라 뉴미디어의 도입은 산업 사회에서는 중류 계급에 속했던 과거의 기능인들의 급격한 기능 상실을 초래하여, 비교적 소수의 사회 경제적 엘리트 집단과 다수의 저임금 노동자로 양극화되어 사회적인 안정의 기둥이 되는 중산층을 몰락시킬 것이라는 견해도 대두하고 있다. 더구나 뉴미디어의 발달이 오히려 정보의 부익부 빈익빈(富益富貧益貧)을 낳는다는 지적도 있다.

① ㉠은 뉴미디어 시대에 다양성이 중시되는 이유를 밝혀야 한다.
② ㉠은 정보 사회 체제에서 분업화가 생산성의 향상에 끼치는 영향을 설명해야 한다.
③ ㉡은 뉴미디어에 의해 자동화 혁명이 촉진되는 이유와 그 과정에 대해 설명해야 한다.
④ ㉡은 정보가 많아지는 사회에서 정보 소유의 편중이 나타날 수 있는 근거를 제시해야 한다.

---

007 해설 | 1문단에 따르면 ㉠'앨빈 토플러'는 미래 정보 사회에 사는 사람들은 전문화·분업화를 원리로 했던 산업 사회에서는 서로 분리되었던 추상적인 것과 구체적인 것, 객관과 주관 사이의 균형을 추구하게 될 것이라고 하고 있다. 즉, 분업화는 산업 사회의 특징이며, 뉴미디어에 바탕을 둔 미래의 정보 사회의 특징에 대해 예측하고 있는 ㉠'앨빈 토플러'는 정보 사회에서 분업화로 인해 생산성의 향상이 일어날 것이라고 주장하지 않았다. 따라서 ㉠'앨빈 토플러'에게 정보 사회 체제에서 분업화가 생산성의 향상에 끼치는 영향을 설명해야 한다고 비판할 수 없다.

오답피하기 |
① 1문단에 따르면 ㉠'앨빈 토플러'는 뉴미디어에 바탕을 둔 미래의 정보 사회에서는 모든 면에서 다양화가 이룩되리라고 한다. 따라서 ㉠'앨빈 토플러'의 주장에 대해 뉴미디어 시대에 다양성이 중시되는 이유를 밝혀야 한다고 비판할 수 있다.
③ 2문단에 따르면 ㉡'(뉴미디어에 대한) 비관론자들'은 뉴미디어에 의해 촉진되는 자동화 혁명은 대량 실업 사태를 유발하리라고 전망한다. 따라서 ㉡'(뉴미디어에 대한) 비관론자들'의 이러한 전망에 대해 뉴미디어에 의해 자동화 혁명이 촉진되는 이유와 그 과정에 대해 설명해야 한다고 비판할 수 있다.
④ 2문단에 따르면 ㉡'(뉴미디어에 대한) 비관론자들'은 뉴미디어의 발달이 오히려 정보의 부익부 빈익빈을 낳는다고 지적한다. 따라서 ㉡'(뉴미디어에 대한) 비관론자들'의 이러한 지적에 대해 정보가 많아지는 사회에서 정보 소유의 편중이 나타날 수 있는 근거를 제시해야 한다고 비판할 수 있다.

정답 ②

008

⊙을 평가한 내용으로 적절한 것만을 <보기>에서 모두 고르면?

⊙소수의 과학사가들은 과학자와 대중 사이의 경계가 선명하다고 주장한다. 그들은 몇몇 기준을 통해서 과학자와 대중이 뚜렷하게 구별된다고 말한다. 그중 가장 중요한 기준은 문화적 능력이라고 할 수 있는데 이것은 과학자가 대중과 구별되는 인지 능력이나 조작 기술을 가지고 있다는 것을 의미한다. 예를 들어 수리물리학, 광학, 천문학 등의 분야는 대중과 유리된 불연속성의 정도가 상대적으로 컸다. 고대부터 16세기 코페르니쿠스에 이르는 천문학자들이나 17세기 과학혁명 당시의 수리 물리학자들은 그들의 연구가 보통의 교육을 받은 사람들을 대상으로 한 것이 아니었다.

반면 유전학이나 지질학 등은 20세기 중반 전까지 대중에게 영향을 받았던 것이 사실이다. 특히 20세기 초 유전학은 멘델 유전학의 재발견을 통해 눈부시게 발전할 수 있었는데 이러한 발전은 실제로 오랫동안 동식물을 교배하고 품종개량을 해왔던 육종가들의 기여 없이는 불가능했다.

보기

ㄱ. 과학자와 대중 사이에 능력적 차이가 본질적으로 존재한다는 사실은 ⊙의 주장을 강화한다.
ㄴ. 육종가들이 20세기 초 유전학의 발전을 이끌었다는 사실은 ⊙의 주장을 강화한다.
ㄷ. 천문학이 목동의 관찰에서 발달했다는 사실은 ⊙의 주장을 약화한다.

① ㄱ
② ㄱ, ㄷ
③ ㄴ, ㄷ
④ ㄱ, ㄴ, ㄷ

008 해설 | ㄱ(O): ⊙은 과학자와 대중 사이의 뚜렷한 경계가 존재하며, 능력의 차이가 있다고 주장한다. 따라서 과학자와 대중 사이에 능력적 차이가 본질적으로 존재한다는 사실은 ⊙의 주장을 강화한다.
ㄷ(O): 천문학이란 과학이 목동이라는 대중의 관찰 때문에 발달했다는 사실은 과학자와 대중 사이에 뚜렷한 차이가 있다는 ⊙의 주장을 약화한다.
오답피하기 |
ㄴ(×): 육종가들은 대중을 의미한다. 유전학이라는 과학의 발전을 대중들이 이끌었다는 사실은 ⊙의 주장을 약화한다.

정답 ②

memo

권규호공무원국어

제3장

문학

제3장. 문학

1 문학

(1) 문학

문학 문제는 소재만 문학일 뿐 문제 풀이 방식은 독해와 동일하다. 다만 빈칸이 여러 개가 나오는 문제는 첫 문단에서 개념과 관련된 쉬운 말을 준 후, 그 쉬운 말을 바탕으로 문제를 해결하는 식으로 출제되므로 주의해야 한다.

[001~002] 다음 글을 읽고 물음에 답하시오.

'크로노토프'는 그리스어로 시간과 공간을 뜻하는 두 단어를 결합한 것으로, 시공간을 통합적으로 이해하기 위한 개념이다. 크로노토프의 관점에서 보면 고소설과 근대소설의 차이를 명확하게 파악할 수 있다.

고소설에는 돌아가야 할 곳으로서의 원점이 존재한다. 그것은 영웅소설에서라면 중세의 인륜이 원형대로 보존된 세계이고, 가정소설에서라면 가장을 중심으로 가족 구성원들이 평화롭게 공존하는 가정이다. 고소설에서 주인공은 적대자에 의해 원점에서 분리되어 고난을 겪는다. 그들의 목표는 상실한 원점을 회복하는 것, 즉 그곳에서 향유했던 이상적 상태로 ⊙돌아가는 것이다. 주인공과 적대자 사이의 갈등이 전개되는 시간을 서사적 현재라 한다면, 주인공이 도달해야 할 종결점은 새로운 미래가 아니라 다시 도래할 과거로서의 미래이다. 이러한 시공간의 배열을 '회귀의 크로노토프'라고 한다.

근대소설 「무정」은 회귀의 크로노토프를 부정한다. 이것은 주인공인 이형식과 박영채의 시간 경험을 통해 확인된다. 형식은 고아지만 이상적인 고향의 기억을 갖고 있다. 그것은 박 진사의 집에서 영채와 함께하던 때의 기억이다. 이는 영채도 마찬가지기에, 그들에게 박 진사의 집으로 표상되는 유년의 과거는 이상적 원점의 구실을 한다. 박 진사의 죽음은 그들에게 고향의 상실을 상징한다. 두 사람의 결합이 이상적 상태의 고향을 회복할 수 있는 유일한 방법이겠지만, 그들은 끝내 결합하지 못한다. 형식은 새 시대의 새 인물이 되어야 한다고 생각하며 과거로의 복귀를 거부한다.

001
2025 예시문제 1차

윗글에서 추론한 내용으로 가장 적절한 것은?

① 「무정」과 고소설은 회귀의 크로노토프를 부정한다는 점에서 공통적이다.
② 영웅소설의 주인공과 「무정」의 이형식은 그들의 이상적 원점을 상실했다는 공통점을 가지고 있다.
③ 「무정」에서 이형식이 박영채와 결합했다면 새로운 미래로서의 종결점에 도달할 수 있었을 것이다.
④ 가정소설은 가족 구성원들이 평화롭게 공존하는 결말을 통해 상실했던 원점으로의 복귀를 거부한다.

002

문맥상 ㉠의 의미와 가장 가까운 것은?

① 전쟁은 연합군의 승리로 돌아갔다.
② 사과가 한 사람 앞에 두 개씩 돌아간다.
③ 그는 잃어버린 동심으로 돌아가고 싶었다.
④ 그녀는 자금이 잘 돌아가지 않는다며 걱정했다.

---

001 해설 | 2, 3문단에 따르면 영웅소설의 주인공은 중세의 인륜이 원형대로 보존된 세계라는 원점에서 분리되어 고난을 겪고, 「무정」의 이형식에게 박 진사의 집으로 표상되는 유년의 과거는 이상적 원점의 구실을 하나, 이형식은 박 진사의 죽음으로 고향의 상실을 경험한다. 따라서 영웅소설의 주인공과 「무정」의 이형식은 그들의 이상적 원점을 상실했다는 공통점을 가지고 있다고 이해할 수 있다.

오답피하기 |
① 2문단에 따르면 고소설에서는 돌아가야 할 곳으로서의 원점, 즉 '회귀의 크로노토프'가 존재한다.
③ 3문단에 따르면 「무정」의 이형식과 박영채에게는 박 진사의 집은 모두 이상적 원점의 구실을 하고, 그들의 결합은 이상적 고향을 회복할 수 있는 방법이다. 그러나 그들은 결합하지 않고, 새 시대의 새 인물이 되어야 한다고 생각하며 과거로의 복귀를 거부한다. 따라서 그들이 결합하는 것은 새로운 미래로 도달하는 방법이 아니다.
④ 2문단에 따르면 가정소설에서 주인공은 가족 구성원들이 평화롭게 공존하는 가정이라는 원점에서 분리되어 고난을 겪고, 주인공은 이상적인 과거로 돌아가려고 한다. 따라서 가정소설에서 구성원들이 원점으로의 복귀를 거부한다는 것은 적절하지 않다.   **정답** ②

002 해설 | ㉠'돌아가다'는 '원래의 있던 곳으로 다시 가거나 다시 그 상태가 되다.'라는 의미이다. 따라서 ㉠과 같은 것은 '그는 잃어버린 동심으로 돌아가고 싶었다.'의 '돌아가다'이다.

오답피하기 |
① '일의 형편이 어떤 상태로 끝을 맺다.'라는 의미이다.
② '차례나 몫, 승리, 비난 따위가 개인이나 단체, 기구, 조직 따위의 차지가 되다.'라는 의미이다.
④ '돈이나 물건 따위의 유통이 원활하다.'라는 의미이다.   **정답** ③

※ 적절한 것을 묻는 문제는 높은 확률로 주제를 찾으면 된다!

003
2025 예시문제 1차

다음 글을 이해한 내용으로 가장 적절한 것은?

> 이육사의 시에는 시인의 길과 투사의 길을 동시에 걸었던 작가의 면모가 고스란히 담겨 있다. 가령, 「절정」은 크게 두 부분으로 나누어지는데, 투사가 처한 냉엄한 현실적 조건이 3개의 연에 걸쳐 먼저 제시된 후, 시인이 품고 있는 인간과 역사에 대한 희망이 마지막 연에 제시된다.
>
> 우선, 투사 이육사가 처한 상황은 대단히 위태로워 보인다. 그는 "매운 계절의 채찍에 갈겨 / 마침내 북방으로 휩쓸려" 왔고, "서릿발 칼날진 그 위에서" 바라본 세상은 "하늘도 그만 지쳐 끝난 고원"이어서 가냘픈 희망을 품는 것조차 불가능해 보인다. 이러한 상황은 "한발 제겨디딜 곳조차 없다"는 데에 이르러 극한에 도달하게 된다. 여기서 그는 더 이상 피할 수 없는 존재의 위기를 깨닫게 되는데, 이때 시인 이육사가 나서면서 시는 반전의 계기를 마련한다.
>
> 마지막 4연에서 시인은 3연까지 치달아 온 극한의 위기를 담담히 대면한 채, "이러매 눈감아 생각해" 보면서 현실을 새롭게 규정한다. 여기서 눈을 감는 행위는 외면이나 도피가 아니라 피할 수 없는 현실적 조건을 새롭게 반성함으로써 현실의 진정한 면모와 마주하려는 적극적인 행위로 읽힌다. 이는 다음 행, "겨울은 강철로 된 무지갠가보다"라는 시구로 이어지면서 현실에 대한 새로운 성찰로 마무리된다. 이 마지막 구절은 인간과 역사에 대한 희망을 놓지 않으려는 시인의 안간힘으로 보인다.

① 「절정」에는 투사가 처한 극한의 상황이 뚜렷한 계절의 변화로 드러난다.
② 「절정」에서 시인은 투사가 처한 현실적 조건을 외면하지 않고 새롭게 인식한다.
③ 「절정」은 시의 구성이 두 부분으로 나누어지면서 투사와 시인이 반목과 화해를 거듭한다.
④ 「절정」에는 냉엄한 현실에 절망하는 시인의 면모와 인간과 역사에 대한 희망을 놓지 않으려는 투사의 면모가 동시에 담겨 있다.

003 해설 | 2문단의 "매운 계절", "서릿발 칼날" 등 겨울의 이미지는 투사가 처한 냉엄한 현실적 조건으로 볼 수 있다. 그리고 3문단의 "겨울은 강철로 된 무지갠가보다"라는 시구는 시인이 자신이 처한 현실적 조건을 외면하지 않고, 이를 "무지개"로 표현함으로써 새롭게 인식한 것으로 볼 수 있다.

오답피하기 |
① 2문단의 "매운 계절", "서릿발 칼날" 등 겨울의 이미지는 투사가 처한 냉엄한 현실적 조건으로 볼 수 있다. 그러나 계절의 변화는 나타나지 않는다.
③ 2, 3문단에 따르면 투사는 위태로운 상황에 처해 있고, 시인은 이러한 현실적 조건을 반성함으로써 현실의 진정한 면모와 마주하려 한다. 이는 현실을 극복하고 희망을 가지려는 태도로 볼 수 있다. 이를 투사와 시인이 반목하거나 화해하는 것으로 이해하기 어렵다.
④ 3문단에 따르면 시인은 극한의 위기를 상징하는 현실을 새롭게 반성함으로써 마주하려는 적극적인 행위를 보인다. 시인이 현실에 절망한다고 해석하기 어렵다.

정답 ②

004

다음 글의 ㉠~㉢에 들어갈 말을 적절하게 나열한 것은?

> 소설과 현실의 관계를 온당하게 살피기 위해서는 세계의 현실성, 문제의 현실성, 해결의 현실성을 구별해야 한다. 우리가 살고 있는 이 입체적인 시공간에서 특히 의미 있는 한 부분을 도려내어 서사의 무대로 삼을 경우 세계의 현실성이 확보된다. 그 세계 안의 인간이 자신을 둘러싼 세계와 고투하면서 당대의 공론장에서 기꺼이 논의해 볼 만한 의제를 산출해 낼 때 문제의 현실성이 확보된다. 한 사회가 완강하게 구조화하고 있는 '가능한 것'과 '불가능한 것'의 좌표를 흔들면서 특정한 선택지를 제출할 때 해결의 현실성이 확보된다.
>
> 최인훈의 「광장」은 밀실과 광장 사이에서 고뇌하는 주인공의 모습을 통해 '남(南)이냐 북(北)이냐'라는 민감한 주제를 격화된 이념 대립의 공론장에 던짐으로써 ㉠ 을 확보하였다. 작품의 시공간으로 당시 남한과 북한을 소설적 세계로 선택함으로써 동서 냉전 시대의 보편성과 한반도 분단 체제의 특수성을 동시에 포괄할 수 있는 ㉡ 도 확보하였다. 「광장」에서 주인공이 남과 북 모두를 거부하고 자살을 선택하는 결말은 남북으로 상징되는 당대의 이원화된 이데올로기를 근저에서 흔들었다. 이로써 ㉢ 을 확보할 수 있었다.

	㉠	㉡	㉢
①	문제의 현실성	세계의 현실성	해결의 현실성
②	문제의 현실성	해결의 현실성	세계의 현실성
③	세계의 현실성	문제의 현실성	해결의 현실성
④	세계의 현실성	해결의 현실성	문제의 현실성

004 해설 | 세계 안의 인간이 당대의 공론장에서 기꺼이 논의해 볼 만한 의제를 산출해 낼 때 '문제의 현실성'이 확보된다. ㉠은 주인공의 모습을 통해 '남(南)이냐 북(北)이냐'라는 민감한 주제를 이념 대립의 공론장에 던진 것과 관련되므로, ㉠에는 '문제의 현실성'이 들어가야 한다. 그리고 우리가 살고 있는 시공간에서 의미 있는 한 부분을 도려내어 서사의 무대로 삼을 경우 '세계의 현실성'이 확보된다. ㉡은 「광장」이 작품의 시공간으로 당시 남한과 북한을 소설적 세계로 선택한 것과 관련되므로, ㉡에는 '세계의 현실성'이 들어가야 한다. 마지막으로 한 사회가 구조화하고 있는 '가능한 것'과 '불가능한 것'의 좌표를 흔들면서 특정한 선택지를 제출할 때 '해결의 현실성'이 확보된다. ㉢은 주인공이 남과 북 모두를 거부하고 자살을 선택하는 결말은 남북으로 상징되는 당대의 이원화된 이데올로기를 근저에서 흔들었다는 내용과 관련되므로, ㉢에는 '해결의 현실성'이 들어가야 한다. **정답** ①

[005~006] 다음 글을 읽고 물음에 답하시오.

> 방각본 출판은 책을 목판에 새겨 대량으로 찍어내는 방식이다. 이 경우 소수의 작품으로 많은 판매 부수를 올리는 것이 유리하다. 즉, 하나의 책으로 500부를 파는 것이 세 권의 책으로 합계 500부를 파는 것보다 이윤이 높다. 따라서 방각본 출판업자는 작품의 종류를 늘리기보다는 시장성이 좋은 작품을 집중적으로 출판하였다. 또한 작품의 규모가 커서 분량이 많은 경우에는 생산 비용이 ⓐ올라가 책값이 비싸지기 때문에 자연스럽게 분량이 적은 작품을 선호하였다. 이에 따라 방각본 출판에서는 규모가 큰 작품을 기피하였으며, 일단 선택된 작품에도 종종 축약적 윤색이 가해지고는 하였다.
>
> 일종의 도서대여업인 세책업은 가능한 여러 종류의 작품을 가지고 있는 편이 유리하고, 한 작품의 규모가 큰 것도 환영할 만한 일이었다. 소설을 빌려 보는 독자들은 하나를 읽고 나서 대개 새 작품을 찾았으니, 보유한 작품의 종류가 많을수록 좋았다. 또한 한 작품의 분량이 많아서 여러 책으로 나뉘어 있으면 그만큼 세책료를 더 받을 수 있으니, 세책업자들은 스토리를 재미나게 부연하여 책의 권수를 늘리기도 했다. 따라서 세책업자들은 많은 종류의 작품을 모으는 데에 주력했고, 이 과정에서 원본의 확장 및 개작이 적잖이 이루어졌다.

005

윗글에서 추론한 내용으로 가장 적절한 것은?

① 분량이 많은 작품은 책값이 비쌌기 때문에 세책가에서 취급하지 않았다.
② 세책업자는 구비할 책을 선정할 때 시장성이 좋은 작품보다 분량이 적은 작품을 우선하였다.
③ 방각본 출판업자들은 책의 판매 부수를 올리기 위해 원본의 내용을 부연하여 개작하기도 하였다.
④ 한 편의 작품이 여러 권의 책으로 나뉘어 있는 대규모 작품들은 방각본 출판업자들보다 세책업자들이 선호하였다.

---

005 해설 | 1문단에 따르면 방각본 출판에서는 규모가 큰 작품을 기피하였다. 그리고 2문단에 따르면 도서대여업인 세책업은 가능한 여러 종류의 작품을 가지고 있는 편이 유리하고, 한 작품의 규모가 큰 것도 환영할 만한 일이었다. 따라서 이 두 내용을 종합하면 '한 편의 작품이 여러 권의 책으로 나뉘어 있는 대규모 작품들은 방각본 출판업자들보다 세책업자들이 선호하였다'라고 추론할 수 있다.

오답피하기 |
①, ② 2문단에 따르면 세책업자들은 규모가 큰 작품을 환영하였다.
③ 1문단에 따르면 방각본 출판에서는 규모가 큰 작품을 기피하였으며, 일단 선택된 작품에도 종종 축약적 윤색이 가해지고는 하였다. 즉 그들은 판매 부수를 위해서 부연하거나 개작한 것이 아니라 규모를 줄이기 위해서 부연 또는 개작을 한 것이다.

정답 ④

006
밑줄 친 표현이 문맥상 ㉠의 의미와 가장 가까운 것은?

① 습도가 올라가는 장마철에는 건강에 유의해야 한다.
② 내가 키우던 반려견이 하늘나라로 올라갔다.
③ 그녀는 승진해서 본사로 올라가게 되었다.
④ 그는 시험을 보러 서울로 올라갔다.

006 해설 | ㉠의 문맥적 의미는 '값이나 통계 수치, 온도, 물가가 높아지거나 커지다'이다. 이와 의미가 가장 유사한 것은 ①번의 '올라가다'이다.
오답피하기 |
② '죽다'를 비유적으로 이르는 말이다.
③ '지방 부서에서 중앙 부서로, 또는 하급 기관에서 상급 기관으로 자리를 옮기다'라는 의미이다.
④ '지방에서 중앙으로 가다'라는 의미이다.

정답 ①

[007~008] 다음 글을 읽고 물음에 답하시오.

일반적으로 한 나라의 문학, 즉 '국문학'은 "그 나라의 말과 글로 된 문학"을 지칭한다. 그래서 우리나라에서 국문학에 대한 근대적 논의가 처음 시작될 무렵에는 (가)국문학에서 한문으로 쓰인 문학을 배제하자는 주장이 있었다. 국문학 연구가 점차 전문화되면서, 한문문학 배제론자와 달리 한문문학을 배제하는 데 있어 신축성을 두는 절충론자의 입장이 힘을 얻었다. 절충론자들은 국문학의 범위를 획정하는 데 있어 (나)종래의 국문학의 정의를 기본 전제로 하되, 일부 한문문학을 국문학으로 인정하자고 주장했다. 즉 한문으로 쓰여진 문학을 국문학에서 완전히 배제하지 않고, ㉠전자 중 일부를 ㉡후자의 주변부에 위치시키는 것으로 국문학의 영역을 구성한 것이다. 이에 따라 국문학을 지칭할 때에는 '순(純)국문학'과 '준(準)국문학'으로 구별하게 되었다. 작품에 사용된 문자의 범주에 따라서 ㉢전자는 '좁은 의미의 국문학', ㉣후자는 '넓은 의미의 국문학'이라고도 칭할 수 있다.

하지만 이런 절충안을 취하더라도 순국문학과 준국문학을 구분하는 데에는 논자마다 차이가 있다. 어떤 이는 국문으로 된 것은 ㉤전자에, 한문으로 된 것은 ㉥후자에 귀속시켰다. 다른 이는 훈민정음 창제 이전과 이후로 나누어 국문학의 영역을 구분하였다. 훈민정음 창제 이전의 문학은 차자표기건 한문표기건 모두 국문학으로 인정하고, 창제 이후의 문학은 국문문학만을 순국문학으로 규정하고 한문문학 중 '국문학적 가치'가 있는 것을 준국문학에 귀속시켰다.

007

2025 예시문제 2차

윗글의 (가)와 (나)의 주장에 대해 평가한 내용으로 가장 적절한 것은?

① 국문으로 쓴 작품보다 한문으로 쓴 작품이 해외에서 문학적 가치를 더 인정받는다면 (가)의 주장은 강화된다.
② 국문학의 정의를 '그 나라 사람들의 사상과 정서를 그 나라 말과 글로 표현한 문학'으로 수정하면 (가)의 주장은 약화된다.
③ 표기문자와 상관없이 그 나라의 문화를 잘 표현한 문학을 자국문학으로 인정하는 것이 보편적인 관례라면 (나)의 주장은 강화된다.
④ 훈민정음 창제 이후에도 차자표기로 된 문학작품이 다수 발견된다면 (나)의 주장은 약화된다.

007 해설 | '표기문자와 상관없이 그 나라의 문화를 잘 표현한 문학'은 문맥상 '한문문학'을 의미한다. 그것을 자국문학으로 인정하는 것이 보편적인 관례라는 것이 확인된다면 이는 '한문문학을 국문학으로 받아들이자'라고 얘기하는 (나)의 입장을 강화하는 것이다.

오답피하기 |
① 한문으로 쓴 작품이 해외에서 문학적 가치를 더 인정받는다면 '한문문학을 국문학에서 배제하자'라는 (가)의 주장이 설득력을 잃고 만다. 따라서 이상의 가정은 (가)의 주장을 약화한다.
② 국문학 정의를 '그 나라 말과 글로 표현한 문학'이라고 수정하면 '한문문학'은 그 나라 글로 표현한 것이 아니므로 국문학에서 배제되어야 한다. 따라서 이상의 가정은 (가)의 주장을 강화한다.
④ 한문문학을 국문학으로 인정하자는 주장과 훈민정음 창제 이후에도 차자표기로 된 문학작품이 다수 발견된다는 사실은 상관관계가 없다. 따라서 ④번의 가정은 (나)의 주장을 강화·약화하지 못한다.

정답 ③

008

윗글의 ㉠~㉥ 중 지시하는 바가 같은 것끼리 짝 지은 것은?

① ㉠, ㉢
② ㉡, ㉣
③ ㉡, ㉥
④ ㉣, ㉤

---

008 해설 | 문맥을 통해 ㉠~㉥의 의미를 구체적으로 드러내면 다음과 같다.
㉠ 한문문학
㉡ 한문문학+순국문학(∵㉡은 주변부에 한문문학이 위치해야 한다. 따라서 ㉡은 순국문학과 한문문학으로 구성된 것이다.)
㉢ 순국문학
㉣ 한문문학 중 국문학으로 인정받는 것
㉤ 순국문학
㉥ 한문문학 중 국문학으로 인정받는 것
따라서 ㉣과 ㉥이 같은 의미, ㉢과 ㉤이 같은 의미이다.

정답 ④

권규호공무원국어

제4장

화법·작문

제4장. 화법·작문

1 화법·작문

(1) 수정하기

① 중복되는 표현 삭제

의미 중복이 나타나는 표현	수정 표현
개인이 소유하고 있는 사유지	사유지
공기를 자주 환기	자주 환기
농경을 지어 왔다	농사를 지어 왔다
쓰이는 용도별로 분류하여	용도별로 분류하여
깨끗하게 정화시키고 싶다	정화하고 싶다
다시 재론할 여지가 없다	재론할 여지가 없다
더 이상 바랄 것이 없다	더 바랄 것이 없다
기쁜 것 같습니다	기쁩니다
새로 입학한 신입생	신입생
투고한 원고	원고
길거리를 도보로 걸었다	길거리를 걸었다
자매결연을 맺다	자매결연을 하다
역전앞	역전, 역 앞

② 문장 성분 호응 및 생략

ⓐ 주술 호응

ⓐ 단순 주술 호응: 이중 주어 구문이 자연스럽지 않으면 틀린 것임
- 예) 이곳에 주차하는 사람은 과태료를 부과하니 주의하기 바랍니다. → 사람에게는
- 예) 생선의 신선도는 눈보다 아가미를 보고 고르는 것이 요령이다. → 보면 알 수 있다.
- 예) 친척들이 우리 집에는 피해가 없느냐고 전화가 많이 걸려 왔다. → 전화를 많이 하셨다.

ⓑ '~은(는) ~이다', '~것은 ~것이다' 구조
- 예) 지금 문제는 자금이 너무 부족하다. → 부족하다는 것이다.
- 예) 내가 하고 싶은 말은 성실하기 바란다. → 성실하기 바란다는 것이다.

ⓒ 등위 접속
- 예) 인간은 자연을 지배하기도 하고 적응하기도 한다. → 자연에 적응하기도 한다.
- 예) 각 지역에 설치된 은행은 혈관이고 중앙은행은 마치 심장 구실을 한다. → 은행이 혈관 역할이라면 중앙은행은 마치 심장 구실을 한다.

ⓓ 문장 성분 생략
- 예) 그는 편지 배달뿐만 아니라, 편지 사연까지 읽어주었다. → 편지를 배달했을 뿐만 아니라,
- 예) 공사가 언제부터 시작되고 언제 개통될지 알 수 없다. → 도로가 언제 개통될지
- 예) 외국에 나가면 말은 저절로 배운다는 이유만으로 훌쩍 떠났다가는 낭패를 당하기 쉽다. → 외국으로 훌쩍 떠났다가는

③ 피·사동
- ⓔ 이러한 문제점은 취재 과정에서 흔히 보여지는 것이다. → 보이는
- ⓔ 사회의 계층화란 재화가 불평등하게 분배되고 이에 따라 개인과 집단을 서열화시키는 현상을 말한다. → 개인과 집단이 서열화되는
- ⓔ 입주민께서는 차량을 가급적 지하 주차장에 주차시키고 → 주차하시고

④ 중의적 문장
  ㉠ 수식 구조의 중의성
  - ⓔ 예쁜 소녀의 옷을 빌려 입었다. → '소녀의 예쁜 옷을 빌려 입었다.'
  - ⓔ 그는 울면서 떠나는 순희를 배웅했다. → '그는, 울면서 떠나는 순희를 배웅했다.', '그는 울면서, 떠나는 순희를 배웅했다.'
  - ⓔ 특히 약한 어린이와 노약자들의 건강 유지를 위해 빵과 우유 일만 개를 준비해 주십시오. → '빵 일만 개와 우유 일만 팩을'
  - ⓔ 한결같이 어려운 이웃을 돕는 사람들이 많습니다. → '한결같이 어려운, 이웃을 돕는 사람들이 많습니다.', '어려운 이웃을 한결같이 돕는 사람들이 많습니다.'
  - ⓔ 여자의 아름다움에 대한 관심은 본능에 가깝다. → '여성적인 아름다움 ~', '아름다움에 대한 여자의 관심은 ~'

  ㉡ '와/과'로 인한 중의성
  - ⓔ 재원이와 철현이는 지난달에 여행을 다녀왔다. → '재원이와 철현이는 지난달에 각각 여행을 다녀왔다.', '재원이와 철현이는 지난달에 함께 여행을 다녀왔다.'
  - ⓔ 나는 어머니와 아버지를 좋아한다. → '어머니와 나는 아버지를 좋아한다.', '나는, 어머니와 아버지를 좋아한다.'

  ㉢ 동작상과 관련된 중의성
  - ⓔ 그는 넥타이를 매고 있다. → '그는 넥타이를 맨 상태로 있다.', '그는 넥타이를 매고 있는 중이다.'

  ㉣ '다'의 중의성
  - ⓔ 오늘 모임에 학생들이 다 오지 않았다. → '한 명도 오지 않았다.', '전부는 오지 않았다.'

001

2025 예시문제 1차

<공공언어 바로 쓰기 원칙>에 따라 <공문서>의 ㉠~㉣을 수정한 것으로 적절하지 않은 것은?

<공공언어 바로 쓰기 원칙>
○ 중복되는 표현을 삼갈 것.
○ 대등한 것끼리 접속할 때는 구조가 같은 표현을 사용할 것.
○ 주어와 서술어를 호응시킬 것.
○ 필요한 문장 성분이 생략되지 않도록 할 것.

<공문서>
한국의약품정보원

수신 국립국어원
(경유)
제목 의약품 용어 표준화를 위한 자문회의 참석 ㉠안내 알림

1. ㉡표준적인 언어생활의 확립과 일상적인 국어 생활을 향상하기 위해 일하시는 귀원의 노고에 감사드립니다.
2. 본원은 국내 유일의 의약품 관련 비영리 재단법인으로서 의약품에 관한 ㉢표준 정보가 제공되고 있습니다.
3. 의약품의 표준 용어 체계를 구축하고 ㉣일반 국민도 알기 쉬운 표현으로 개선하여 안전한 의약품 사용 환경을 마련하기 위해 자문회의를 개최하니 귀원의 연구원이 참석해 주시기를 바랍니다.

① ㉠: 안내
② ㉡: 표준적인 언어생활을 확립하고 일상적인 국어 생활의 향상을 위해
③ ㉢: 표준 정보를 제공하고 있습니다.
④ ㉣: 의약품 용어를 일반 국민도 알기 쉬운 표현으로 개선하여

---

001 해설 | ㉡은 <공공언어 바로 쓰기 원칙>의 두 번째 조건인 '대등한 것끼리 접속할 때는 구조가 같은 표현을 사용할 것'에 따라서 적절하게 수정하여야 한다. 그러나 ㉡은 전후의 구조가 동일하지 않으므로 적절하게 수정하지 못했다. ㉡은 '표준적인 언어생활을 확립하고 일상적인 국어 생활을 향상하기 위해'로 수정해야 한다.
오답피하기 |
① '안내'와 '알림'은 동일한 의미이기 때문에 하나를 삭제하는 것이 옳다.
③ 해당 문장의 주어는 '본원은'이다. 따라서 '본원은 ~ 관한 표준 정보를 제공하고 있습니다'라고 표현해야 문장 성분 간의 호응이 이루어진다.
④ '개선하여'의 목적어가 생략돼 있다. 따라서 ㉣은 '의약품 용어를 일반 국민도 알기 쉬운 표현으로 개선하여'라고 수정하는 것이 옳다. **정답** ②

002

<공공언어 바로 쓰기 원칙>에 따라 수정한 것으로 적절하지 않은 것은?

<공공언어 바로 쓰기 원칙>

○ 주어와 서술어의 호응
  - ㉠능동과 피동의 관계를 정확하게 사용함.
○ 여러 뜻으로 해석되는 표현 삼가기
  - ㉡중의적인 문장을 사용하지 않음.
○ 명료한 수식어구 사용
  - ㉢수식어와 피수식어의 관계를 분명하게 표현함.
○ 대등한 구조를 보여 주는 표현 사용
  - ㉣'-고', '와/과' 등으로 접속될 때에는 대등한 관계를 사용함.

① "이번 총선에서 국회의원 ○○○명을 선출되었다."를 ㉠에 따라 "이번 총선에서 국회의원 ○○○명이 선출되었다."로 수정한다.
② "시장은 시민의 안전에 관하여 건설업계 관계자들과 논의하였다."를 ㉡에 따라 "시장은 건설업계 관계자들과 시민의 안전에 관하여 논의하였다."로 수정한다.
③ "5킬로그램 정도의 금 보관함"을 ㉢에 따라 "금 5킬로그램 정도를 담은 보관함"으로 수정한다.
④ "음식물의 신선도 유지와 부패를 방지해야 한다."를 ㉣에 따라 "음식물의 신선도를 유지하고, 부패를 방지해야 한다."로 수정한다.

002 해설 | 수정된 문장인 "시장은 건설업계 관계자들과 시민의 안전에 관하여 논의하였다"는 중의적인 의미를 내포하고 있다. 이 문장은 '시장이 시민의 안전에 관해 건설업계 관계자들과 논의하였다'라는 의미인지, '시장이 건설업계 관계자들의 안전과 시민의 안전에 관해 논의하였다'라는 의미인지 불분명하다.

정답 ②

003

<교육 과정 변경안>에 따라 ㉠~㉣을 수정한 것으로 적절하지 않은 것은?

<교육 과정 변경안>
○ 수강 시간이 자유롭고 많은 수강생을 모집할 수 있는 온라인 강의로 진행한다.
○ 수강 대상은 건축 업계의 전문가가 아닌 A시 시민으로 상정한다.
○ A시의 유명 공공 건축물을 활용하여 A시를 홍보할 수 있는 주제의 강의로 한다.
○ A시 공식 어플리케이션에서 신청서를 작성하고 제출할 수 있도록 한다.

A시 공공 건축 교육 과정
○ 강의 주제: ㉠공공 건축의 미래/A시의 조경
○ 일시: ㉡7. 12.(월) 19:00~21:00/7. 14.(수) 19:00~21:00
○ 대상: ㉢A시 건축업 종사자
○ 신청 방법: ㉣A시 홈페이지 → '시민참여' → '교육' → '공공 건축 교육 신청 게시판'에서 신청서 작성

① ㉠: 건축가협회 선정 A시의 유명 공공 건축물 TOP3
② ㉡: 7. 12.(월) 06:00~7. 16.(금) 24:00
③ ㉢: A시 공공 건축에 관심 있는 사람 누구나
④ ㉣: A시 공식 어플리케이션을 통한 A시 공공 건축 교육 과정 간편 신청

003 해설 | 수강 대상은 '건축 업계의 전문가가 아닌 A시 시민으로 상정한다'는 변경안에 따라서 ㉢을 수정하는 것은 적절하다. 그러나 상정된 대상은 A시 시민에 국한되기 때문에 ③번처럼 'A시 공공 건축에 관심 있는 사람 누구나'가 되어서는 안 된다. '누구나'에는 'A시 시민'이 아닌 사람이 포함될 수 있기 때문이다.

정답 ③

004

다음 <조례 개정안>을 반영하여 ㉠의 제9조를 수정한 것으로 가장 적절한 것은?

<조례 개정안>
○ 50여 구획 주차장을 확보한 다중이용시설의 경우에도 전기차 충전시설 설치가 원활할 수 있도록 지원금 부과 대상자가 되도록 한다.

㉠「환경 친화적 자동차의 보급 및 이용 활성화를 위한 조례」
제9조(충전시설 설치대상)
① 주차단위구획 100개 이상을 갖춘 다음 각호의 다중시설은 전기자동차 충전시설을 설치하여야 한다.
  1. 판매·운수·숙박·운동·위락·관광·휴게·문화시설
  2. 500세대 이상의 아파트, 근린생활시설, 기숙사
② 시장은 ①항의 설치대상에 대하여는 설치비용의 반액을 지원하여야 한다.
③ 시장은 ①항의 설치대상에 해당하지 않는 사업장에 대하여도 전기자동차 충전시설의 설치를 권고할 수 있다.

① 제9조 ①-1항에 "다중이용시설(극장, 카페, 음식점)"을 추가한다.
② 제9조 ①-2항의 "500세대"를 "50세대"로 수정한다.
③ 제9조 ②항의 "설치비용의 반액"을 "설치비용의 전액"으로 수정한다.
④ 제9조 ③항에 "설치 권고 수용자에게는 설치비용의 30%의 금액을 지원하여야 한다"를 추가한다.

004 해설 | <조례 개정안>은 50여 구획 주차장을 확보한 시설에도 전기차 충전시설 설치 시 지원금을 부과해야 한다는 것이다. 제9조를 살펴보면 주차단위구획 100개 이상을 갖춘 대상자에게만 지원금을 지원하며, 주차단위구획 50여 개에 불과한 사업장은 충전시설 설치 권고 대상자가 될 뿐이다. 그러나 충전시설 설치 권고 대상자에게는 지원금이 부과된다는 법적 조항이 없으므로 이를 신설해야 한다. 따라서 ④번처럼 "설치 권고 수용자에게는 설치비용의 30%의 금액을 지원하여야 한다"라는 내용을 조례에 추가하면 <조례 개정안>의 취지대로 조례를 수정한 것이 된다.

정답 ④

(2) 개요

개요 문제는 개요에 대한 다음의 기본 이해를 바탕으로 문제를 해결하면 된다.
① 서론에서는 문제가 무엇인지, 문제 해결의 필요성이나 문제의 심각성이 제시된다.
② 본론에서는 문제의 원인을 분석하며, 이 원인에 대응하는 해결책이 제시된다.
③ 결론에서는 문제의 해결책을 촉구하거나 강조하는 내용이 제시된다.
④ 개요의 전체 주제는 일반적으로 문제의 해결책 부분이 된다.

005
2025 예시문제 1차

<지침>에 따라 <개요>를 작성할 때 ㉠~㉢에 들어갈 내용으로 적절하지 않은 것은?

<지침>
○ 서론은 중심 소재의 개념 정의와 문제 제기를 1개의 장으로 작성할 것.
○ 본론은 제목에서 밝힌 내용을 2개의 장으로 구성하되 각 장의 하위 항목끼리 대응되도록 작성할 것.
○ 결론은 기대 효과와 향후 과제를 1개의 장으로 작성할 것.

<개요>
○ 제목: 복지 사각지대의 발생 원인과 해소 방안
Ⅰ. 서론
  1. 복지 사각지대의 정의
  2. ㉠
Ⅱ. 복지 사각지대의 발생 원인
  1. ㉡
  2. 사회복지 담당 공무원의 인력 부족
Ⅲ. 복지 사각지대의 해소 방안
  1. 사회적 변화를 반영하여 기존 복지 제도의 미비점 보완
  2. ㉢
Ⅳ. 결론
  1. ㉣
  2. 복지 사각지대의 근본적이고 지속가능한 해소 방안 마련

① ㉠: 복지 사각지대의 발생에 따른 사회 문제의 증가
② ㉡: 사회적 변화를 반영하지 못한 기존 복지 제도의 한계
③ ㉢: 사회복지 업무 경감을 통한 공무원 직무 만족도 증대
④ ㉣: 복지 혜택의 범위 확장을 통한 사회 안전망 강화

005 해설 | ㉢은 해소 방안이므로 Ⅱ-2에서 제시한 원인과 일맥상통해야 한다. Ⅱ-2는 '사회복지 담당 공무원의 인력 부족'이라고 했으므로 이에 대응되는 ㉢에는 '사회복지 담당 공무원의 인력 충원' 정도의 내용이 들어가야 한다. 그러나 ③번은 이와는 관련 없는 내용을 서술하고 있으므로 ㉢에 들어가기에 적절하지 않다.

정답 ③

006

<지침>에 따라 <개요>를 작성할 때 ㉠~㉣에 들어갈 내용으로 적절하지 않은 것은?

<지침>
○ 서론은 중심 소재의 문제점과 원인을 1개의 장으로 작성할 것.
○ 본론은 주제문에서 밝힌 내용을 실천 방법과 기대 효과로 구성하되 각 장의 하위 항목끼리 대응되도록 작성할 것.
○ 결론은 해결책 촉구를 1개의 장으로 작성할 것.

<개요>
○ 주제문: 일상과 소비 생활 속에서 전기 에너지 절약에 참여하자
Ⅰ. 서론
  1. 전기 에너지 낭비의 문제점
  2. ㉠
Ⅱ. 본론
  1. 전기 에너지 절약 방법
    가. 일상생활 속 전기 에너지 절약 습관 형성
    나. 전기 에너지를 절약하는 전기 제품 구매
  2. ㉡
    가. 사용자가 전기 에너지 절약에 참여함
    나. ㉢
Ⅲ. 결론
  1. ㉣

① ㉠: 전기 에너지 낭비 실태
② ㉡: 전기 에너지 절약 기대 효과
③ ㉢: 기업의 절전형 제품 생산 활성화
④ ㉣: 전기 에너지 절약의 생활화 촉구

006 해설 | <지침>에 따르면 서론은 중심 소재의 문제점과 원인을 1개의 장으로 작성해야 한다. 중심 소재는 '전기 에너지 낭비'이므로 서론에는 '전기 에너지 낭비의 문제점'과 '전기 에너지 낭비의 원인'이 진술되어야 한다. 따라서 ㉠에 들어갈 말은 '전기 에너지 낭비 실태'가 아닌 '전기 에너지 낭비의 원인'이다.

정답 ①

007

<지침>에 따라 <개요>를 작성할 때 ㉠~㉣에 들어갈 내용으로 적절하지 않은 것은?

<지침>
○ 서론은 중심 소재의 현황와 문제 제기를 1개의 장으로 작성할 것.
○ 본론은 제목에서 밝힌 내용을 2개의 장으로 구성하되 각 장의 하위 항목끼리 대응되도록 작성할 것.
○ 결론은 해결책 마련의 시급성을 강조하는 내용으로 작성할 것.

<개요>
○ 제목: 장애인 직장 적응을 위한 지원책
Ⅰ. 서론
  1. 장애인의 직장 종사 현황
  2. ㉠
Ⅱ. 장애인 직장 부적응의 원인
  1. ㉡
  2. 낮은 임금 수준
Ⅲ. 장애인 직장 적응을 위한 지원책
  1. 직무 적응을 위한 교육 강화
  2. ㉢
Ⅳ. 결론
  1. ㉣
  2. 장애인 임금 상향을 위한 실질적 대책 마련 촉구

① ㉠: 장애인의 직장 생활 부적응 상황
② ㉡: 의사소통의 어려움
③ ㉢: 임금 수준 향상을 위한 정부 지원금 지원
④ ㉣: 장애인 직무 능력 향상을 위한 대책 마련 촉구

007 해설 | ㉡에 '의사소통의 어려움'은 상위 항목인 '장애인 직장 부적응의 원인'에 대응된다. 그러나 그에 따른 해결책인 Ⅲ-1의 내용과 대응되지 않는다. 따라서 ㉡에는 '직무 능력의 부족' 정도가 들어가는 것이 적절하다.

정답 ②

(3) 논쟁 분석하기

화법에서 논쟁 분석하기 문제는 독해의 강화·약화를 푸는 방법과 유사하다. 각각의 주장과 그 근거를 대응시키며 서로의 의견이 동일한지, 반대되는지, 상관없는지를 판단할 수 있어야 한다.

008
2025 예시문제 1차

다음 대화를 분석한 내용으로 가장 적절한 것은?

> 갑: 전염병이 창궐했을 때 마스크를 착용하는 것은 당연한 일인데, 그것을 거부하는 사람이 있다니 도대체 이해가 안 돼.
> 을: 마스크 착용을 거부하는 사람들을 무조건 비난하지 말고 먼저 왜 그러는지 정확하게 이유를 파악하는 것이 필요해.
> 병: 그 사람들은 개인의 자유가 가장 존중받아야 하는 기본권이라고 생각하기 때문일 거야.
> 갑: 개인의 자유로운 선택이 타인의 생명을 위협한다면 기본권이라 하더라도 제한하는 것이 보편적 상식 아닐까?
> 병: 맞아. 개인이 모여 공동체를 이루는데 나의 자유만을 고집하면 결국 사회는 극단적 이기주의에 빠져 붕괴하고 말 거야.
> 을: 마스크를 쓰지 않는 행위를 윤리적 차원에서만 접근하지 말고, 문화적 차원에서도 고려할 필요가 있어. 어떤 사회에서는 얼굴을 가리는 것이 범죄자의 징표로 인식되기도 해.

① 화제에 대해 남들과 다른 측면에서 탐색하는 사람이 있다.
② 자신의 의견이 반박되자 질문을 던져 화제를 전환하는 사람이 있다.
③ 대화가 진행되면서 논점에 대한 찬반 입장이 바뀌는 사람이 있다.
④ 사례의 공통점을 종합하여 자신의 주장을 강화하는 사람이 있다.

---

008 해설 | 갑과 병이 마스크 착용을 거부하는 것에 대해서 기본권 제한이라는 윤리적 측면에서 접근하는 데 반해, 을은 마스크 착용을 거부하는 것을 문화적 차원에서 접근하고 있다. 즉 화제에 대해 을은 갑, 병과 다른 측면에서 탐색하고 있으므로 ①번의 언급은 적절한 것이 된다.

정답 ①

009

갑~병의 주장을 분석한 내용으로 적절한 것만을 <보기>에서 모두 고르면?

> **갑:** 오늘날 사회는 계급 체계가 인간의 생활을 전적으로 규정하지 않는다. 실제로 많은 사람이 사회 이동을 경험하며, 전문직 자격증에 대한 접근성 또한 증가하였다. 인터넷은 상향 이동을 위한 새로운 통로를 제공하고 있다. 이에 따라서 전통적인 계급은 사라지고, 이제는 계급이 없는 보다 유동적인 사회질서가 새로 정착되었다.
>
> **을:** 지난 30년 동안 양극화는 더 확대되었다. 부가 사회 최상위 계층에 집중되는 것에 대한 우려가 커지고 있다. 과거 계급 불평등은 경제 전반의 발전을 위해 치를 수밖에 없는 일시적 비용이었다고 한다. 하지만 경제 수준이 향상된 지금도 이 불평등은 해소되지 않고 있다. 오늘날 세계화와 시장 규제 완화로 인해 빈부 격차가 심화되고 계급 불평등이 더 고착되었다.
>
> **병:** 오랫동안 지속되었던 계급의 전통적 영향력은 확실히 약해지고 있다. 하지만 현대사회에서 계급 체계는 여전히 경제적 불평등의 핵심으로 남아 있다. 사회 계급은 아직도 일생에 걸쳐 개인의 삶에 큰 영향을 미친다. 특정 계급의 구성원이라는 사실은 수명, 신체적 건강, 교육, 임금 등 다양한 불평등과 관련된다. 이는 계급의 종말이 사실상 실현될 수 없는 현실적이지 않은 주장이라는 점을 보여 준다.

보기
ㄱ. 갑의 주장과 을의 주장은 대립하지 않는다.
ㄴ. 을의 주장과 병의 주장은 대립하지 않는다.
ㄷ. 병의 주장과 갑의 주장은 대립하지 않는다.

① ㄱ
② ㄴ
③ ㄱ, ㄷ
④ ㄴ, ㄷ

010
다음 대화를 분석한 내용으로 가장 적절하지 않은 것은?

> 갑: SNS를 하면서 스트레스를 받는다는 게 이해가 안 돼. 자기가 좋아서 SNS 활동을 하는 건데 왜 스트레스를 받지?
> 을: SNS를 하는 사람 중에서는 홍보를 위해서 어쩔 수 없이 하는 사람도 있어. 그런 사람들은 SNS 활동 중에 스트레스를 받을 수 있지 않겠어?
> 병: SNS 활동을 좋아하더라도 감추고 싶은 사생활이나 실수가 타인에게 확산된다면 스트레스를 받지 않을까?
> 갑: SNS 활동을 하면서 스트레스를 받는다면 차라리 탈퇴하고 아예 보지 않는 게 옳다고 봐.
> 병: 그건 너무 소극적인 행동인 거 같아. 나는 우리 사회가 '잊힐 권리'를 존중해 주지 않기 때문에 이런 문제가 발생한다고 봐.
> 을: 맞아. 자신이 받는 스트레스를 피하기보다는 좀 더 적극적으로 행동해서 스트레스에서 벗어나려고 노력하는 게 더 좋다고 봐.

① 을은 첫 번째 발화에서 갑의 전제와 다른 전제를 들면서 갑에 대해 반박하고 있다.
② 갑과 병의 첫 번째 발화의 전제는 다르지만 서로 동일한 결론을 내리고 있다.
③ 병은 갑이 두 번째 발화에서 제시한 해결책에 대해 만족하지 못하고 있다.
④ 을은 병이 두 번째 발화에서 제안한 방법에 대해 수용하고 있다.

---

010 해설 | 갑은 첫 번째 발화에서 'SNS 활동을 좋아해서 하는 것이므로'라는 전제를 들어 '스트레스를 받으면 안 된다'라는 결론을 내리고 있다. 병 역시 첫 번째 발화에서 'SNS 활동을 좋아하더라도'라는 전제에서 '스트레스를 받을 수 있다'라는 결론을 내리고 있다. 따라서 둘의 첫 번째 발화는 전제는 동일하지만 결론이 서로 다르다. ②번은 이를 잘못 분석하고 있으므로 적절하지 않다. 　　정답 ②

011
다음 대화를 분석한 내용으로 가장 적절한 것은?

> **갑:** 음주 운전 사고로 인한 사망률이 해마다 3.1%씩 높아지고 있어. 어떻게 자신의 편의를 위해 타인의 생명을 앗아가는 범죄를 저지를 수 있지?
>
> **을:** 음주 운전의 위험성을 생각해 보면 현재의 처벌 수준이 너무 낮은 건 아닌지 생각해 봐야 해. 음주 운전에 적발되면 벌금이나 면허 취소 등의 처벌을 받게 되는데, 이 정도로는 음주 운전을 가벼이 여기는 풍조에 일조할 뿐이야.
>
> **병:** 무엇보다 불시 음주 단속이 강화되어야 해. 걸리지 않으면 그만이라는 생각으로 운전대를 잡는 사람들이 많아. 걸릴 확률을 대폭 높여 아예 음주 운전을 못 하게 예방할 수 있어.
>
> **갑:** 그것도 그렇지만 예방 교육도 중요해. 음주 운전자 중에는 자신이 범죄를 저지른다는 인식을 가지지 못한 사람이 많아.
>
> **병:** 맞아. 그렇지만 가장 강력한 예방법은 엄격한 처벌이야. 처벌을 강화하면 무서워서라도 음주 운전을 하지 않겠지.
>
> **을:** 더불어 반성문을 쓰면 처벌을 감면해 주는 지금의 제도를 고쳐야 해.

① 화제에 대해 남들과 달리 경제적 측면에서 탐색하는 사람이 있다.
② 자신의 의견이 반박되자 다른 근거로 주장을 강화하는 사람이 있다.
③ 대화가 진행되면서 자신의 주장을 바꾸는 사람이 있다.
④ 다른 사람의 의견을 일부 수용하여 자신의 주장을 강화하는 사람이 있다.

011 해설 | 병은 음주 운전을 예방하는 가장 좋은 방법을 '불시 음주 단속 강화'라고 했다가 나중에는 가장 강력한 예방법으로 '처벌 강화'를 들고 있다. 따라서 병은 대화가 진행되면서 자신의 주장을 바꾸고 있다.

정답 ③

memo

권규호공무원국어

제5장

논리

제5장. 논리

ㅇ 명제

'명제'란 어떤 문제에 대한 하나의 논리적 판단 내용 및 주장을 의미한다. 간단하게 '참 또는 거짓 등을 판별할 수 있는 내용'을 뜻한다. 그렇기 때문에 웬만한 문장들은 명제가 될 수 있다. '나는 사람이다'라는 문장도 '나'라는 화자가 '사람'이 맞으면 참이고, '사람'이 아니면 거짓이다. 따라서 '나는 사람이다'는 하나의 명제가 된다.

(1) 명제의 종류
- 가언 명제: 조건을 만족하면 결론이 성립되는 명제
  - 예) A→B
- 정언 명제: 무조건적으로 결론이 성립되는 명제
  - 예) ~A

명제는 조건을 만족하면 결론이 성립되는 가언 명제와 무조건적으로 결론이 성립되는 정언 명제가 있다. 가령 '밥을 먹으면 배가 부르다'라는 명제의 경우 '밥을 먹으면'이라는 조건이 충족되면 '배가 부르다'라는 결론이 성립되므로 가언 명제가 된다. 반면 '나는 사람이다'라는 명제의 경우 조건과 관계없이 '나는 사람'인 것이다. 앞선 명제와 달리 '밥을 먹으면'이라는 조건이 충족되어야 '나는 사람'인 것이 아니고, '밥을 먹으면'이라는 조건이 충족되지 않아야 '나는 사람'인 것이 아니다. 조건과 상관없이 무조건 '나는 사람'인 것이다. 이러한 명제를 정언 명제라고 한다.

(2) 문제 출제 원리
시험에서는 가언 명제와 정언 명제가 함께 주어지며 이를 통해 도출될 수 있는 타당한 결론을 찾으라는 식의 문제가 출제된다. 다음을 보자.

001
다음 조건들이 참이라고 할 때 반드시 참인 것은?

> - 경수가 밥을 먹으면 경수는 포만감을 느낀다.
> - 경수가 밥을 먹는다.

① 경수는 포만감을 느낀다.
② 경수는 포만감을 느끼지 않는다.
③ 경수는 밥을 먹지 않는다.
④ 경수는 다음에도 밥을 먹는다.

위 문제의 첫 번째 조건이자 가언 명제인 '경수가 밥을 먹으면 경수는 포만감을 느낀다'에서는 경수가 밥을 먹었는지 안 먹었는지에 대해서는 알 수 없다. 다만 만약 경수가 '밥을 먹는다'는 조건을 만족하면 '포만감을 느낀다'는 결론이 성립됨을 알 수 있다. 그리고 두 번째 조건이자 정언 명제인 '경수가 밥을 먹는다'에서는 '경수가 밥을 먹음'이 현재 벌어지고 있음을 알 수 있다. 첫 번째 조건과 두 번째 조건을 통합하여 사고하면 '경수는 지금 포만감을 느낀다'라는 결론을 얻을 수 있다. 그렇기에 정답은 ①번이다. 이처럼 실제 시험에서는 가언 명제와 정언 명제가 함께 출제될 수 있다.

물론 정언 명제 없이 가언 명제만으로 문제를 출제할 수 있다. 앞으로 배울 여러 가지 논리 규칙을 통해서 가언 명제들만으로 정언 명제를 도출할 수 있다. 그리고 도출된 정언 명제를 활용해서 타당한 결론을 도출할 수 있다. 여기서 중요한 것은 가언 명제와 정언 명제 간에는 어떤 차이점이 있으며 문제에서 어떻게 이용되는지 이해하는 것이다. 가언 명제인 '경수가 밥을 먹으면 경수는 포만감을 느낀다'를 '경수가 밥을 먹고 있다', '경수가 포만감을 느끼고 있다' 식으로 오해하지 말아야 할 것이다.

가언 명제에 대해서 오해하지 말아야 할 것은 그 역이 성립되지 않는다는 것이다. 다음 문제를 풀어 보자.

002

다음 조건들이 참이라고 할 때 반드시 참인 것은?

- 경수가 밥을 먹으면 경수는 포만감을 느낀다.
- 경수가 포만감을 느낀다.

① 경수가 밥을 먹었다.
② 경수가 밥을 먹지 않았다.
③ 경수가 밥을 먹었는지 알 수 없다.
④ 경수가 포만감을 느꼈다면 경수는 밥을 먹었다.

'경수가 밥을 먹으면 경수는 포만감을 느낀다'가 참이라고 하자. 그리고 '경수가 포만감을 느낀다'도 참이라고 하자. 그럼 '경수가 밥을 먹었다'도 참일까? 그렇지 않다. 경수가 과일을 먹어서 포만감을 느꼈을 수도 있기 때문이다. 따라서 위의 문제의 정답은 ③번이다.

1 논리 기호 기본편

논리 기호란 논리학에서 논리적 판단을 할 때 사용하는 기호를 뜻한다. 기본적으로 '∨, ∧, →, ~' 등의 4가지 기호를 들 수 있다.

(1) ∨(선언): A나 B ⇒ A∨B

'선언'이란 영어의 'or'를 의미한다. 우리말로는 '또는'이며 논리 기호론 '∨'로 표시한다. 가령 '경수가 밥을 먹는다'를 A, '경수가 반찬을 먹는다'를 B라고 한다면 A∨B는 '경수는 밥을 먹거나 반찬을 먹는다'가 된다.

A∨B라고 하면 A, B 중 적어도 하나는 성립한다는 의미이다. A와 B 모두 성립해도 괜찮다. 가령 "숟가락이나 젓가락을 갖고 와라"라고 했을 때, 숟가락만 갖고 와도 되고, 젓가락만 갖고 와도 된다. 또한 숟가락과 젓가락을 모두 가지고 와도 된다.

(2) ∧(연언): A 그리고 B ⇒ A∧B

'연언'이란 영어의 'and'를 의미한다. 우리말로는 '그리고'이며 논리 기호론 '∧'으로 표시한다. 가령 '경수는 서울에 산다'를 A, '영희는 경기도에 산다'를 B라고 한다면 A∧B는 '경수는 서울에 살고, 영희는 경기도에 산다'가 된다.

A∧B라고 하면 A, B 모두 성립할 때에만 참이다. 가령 "숟가락과 젓가락을 가지고 와라"라고 했을 때, 숟가락만 가지고 와서도 안 되고, 젓가락만 가지고 와서도 안 된다. 숟가락과 젓가락 모두 가지고 와야 한다. 이 말은 곧 "숟가락을 안 가지고 오거나 젓가락을 안 가지고 오면 안 된다"라는 뜻이다. '숟가락을 가지고 오는 것'을 A, '젓가락을 가지고 오는 것'을 B라고 한다면 '숟가락과 젓가락을 모두 가지고 오는 것'은 A∧B로 표현할 수 있다.

(3) →(조건문): A이면 B이다 ⇒ A→B / A→B, B→C ≡ A→C

'조건문'이란 영어의 'if'를 의미한다. 우리말로는 '~하면 ~이다'이고 논리 기호론 '→'으로 표시한다. 조건문은 곧 가언 명제이다. 앞서 설명한 것처럼 '철수가 밥을 먹으면 포만감을 느낀다'는 간단하게 '밥→포만감'으로 표시할 수 있다.

한편 2가지 연결되는 조건문을 활용해서 논리를 단순화시킬 수 있다. 가령 '철수가 밥을 먹으면(A) 포만감을 느낀다(B)'라는 조건문(A→B)과 '철수가 포만감을 느끼면(B) 행복하다(C)'라는 조건문(B→C)을 합치면 '철수가 밥을 먹으면 포만감을 느끼고, 포만감을 느끼면 행복하다(A→B→C)'가 되는데, 이는 곧 '철수가 밥을 먹으면 행복하다(A→C)'로 단순화할 수 있다.

(4) ~(부정): A가 아니다 ⇒ ~A / A가 아닌 것은 아니다 ⇒ ~(~A) ≡ A

'부정문'이란 영어의 'not'을 의미한다. 논리 기호론 '~'으로 표시한다. 가령 '철수는 학생이다'의 부정은 '철수는 학생이 아니다'이다. 이를 기호화하면 '철수는 학생이다'는 '철수=학생'이고 '철수는 학생이 아니다'는 '철수=~학생'이 된다.

한편 부정의 부정은 긍정이다. 가령 '철수가 학생이 아닌 것은 아니다'는 '~(~학생)'으로 표시할 수 있으며, 이 뜻은 결국 '철수는 학생이다'를 의미하므로 '~(~학생) ≡ 학생'임을 알 수 있다.

※ 'A∨B'의 참과 거짓: 'A∨B'가 거짓이다 = 'A∨B'는 사실이 아니다 = ~A, ~B

A, B에 대한 경우의 수	참/거짓
① A, ~B	참
② ~A, B	
③ A, B	
④ ~A, ~B	거짓

'사과(A)나 배(B)가 있다'라는 말이 참인 경우를 생각해 보자. ①사과가 있고, 배는 없는 경우(A, ~B), ②사과는 없고, 배는 있는 경우(~A, B), ③사과와 배 모두 있는 경우(A, B)에는 '사과나 배가 있다'라는 말은 참(=사실)이 된다. 따라서 '사과(A)나 배(B)가 있다'라는 말이 참이 된다면 '사과(A)가 없다면 배(B)가 반드시 있어야 하고, 배(B)가 없다면 사과(A)가 반드시 있어야 한다'라는 의미이다.

그런데 ④사과도 없고, 배도 없는 경우(~A, ~B)에는 '사과나 배가 있다'라는 말은 거짓(=사실이 아님)이 된다. 따라서 '사과나 배가 있다는 말은 사실이 아니다'라는 것은 '사과도 없고, 배도 없다'라는 의미이다. 이를 기호화하면 다음과 같다.

$$\sim(A\vee B) \equiv \sim A, \sim B$$

다만 이를 굳이 암기할 필요는 없다. 이후에 배울 '드모르간의 법칙'을 통해서 쉽게 파악할 수 있기 때문이다.

※ **다음 문장을 기호화해 보자.**

(1) 업무 역량을 갖추고 인성이 좋은 사람은 공무원이 된다.

(2) A와 B가 함께 학교를 간다면 C도 학교를 간다.

(3) A와 B가 모두 학교에 가는 것은 아니다.

(4) A나 B가 학교에 간다면 C는 학교에 가지 않는다.

(5) 비가 오면 소풍을 가지 않는다.

(6) A나 B가 학교에 가지 않는다면 C도 학교에 가지 않는다.

(7) A와 B가 학교에 가는 것이 아니라면 C는 학교에 간다.

(8) A가 학교에 가거나 B가 학교에 가지 않는다면 C는 학교에 간다.

(9) A나 B가 학교에 간다는 것은 사실이 아니다.

(10) A나 B가 학교에 가는 것이 아니라면 C는 학교에 가지 않는다.

(11) A와 B 중 한 명이라도 당직을 하면 C도 당직을 한다.

(12) A와 B 중 적어도 한 명이 당직을 하면 C는 당직을 하지 않는다.

연습문제 정답
(1) '업무∧인성→공무원'
(2) A∧B→C
(3) ~(A∧B)
(4) A∨B→~C
(5) 비→~소풍
(6) ~A∨~B→~C
(7) ~(A∧B)→C
(8) A∨~B→C
(9) ~(A∨B)≡~A, ~B
(10) ~(A∨B)→~C
(11) A∨B→C
(12) A∨B→~C

memo

1	~(부정): A가 아니다 ⇒ ~A A가 아닌 것은 아니다 ⇒ ~(~A) ≡ A
2	선언(∨)의 부정: ~(A∨B) ≡ ~A∧~B
3	연언(∧)의 부정: ~(A∧B) ≡ ~A∨~B
4	선언 기호(∨) 제거: (A∨B, ~A)→B
5	배타적 선언: A⊕B ≡ (A∨B)∧~(A∧B)
6	'A→B'가 거짓 ≡ 'A', '~B'
7	~A∨B ≡ A→B
8	오직 A일 때에만 B할 수 있다 ≡ B는 A의 충분조건이다 ≡ B→A
9	대우 P→Q ≡ ~Q→~P
10	모순 P→Q, P→~Q ≡ ~P
11	술어 논리: 어떤 A는 B이다 ≡ A∧B

001

다음 조건들이 참이라고 할 때 반드시 참인 것은?

- A가 학교에 가면 B도 학교에 간다.
- C가 학교에 가면 A도 학교에 간다.

① A가 학교에 간다.
② B가 학교에 간다.
③ C가 학교에 간다.
④ C가 학교에 가면 B도 간다.

• 해제

조건 분석

주어진 조건들을 기호화하면 다음과 같다.

- A가 학교에 가면 B도 학교에 간다. ······ 조건1. A→B
- C가 학교에 가면 A도 학교에 간다. ······ 조건2. C→A

선택지 해설

1) 조건1과 조건2를 통합하면 'C→A→B'가 성립된다.
2) 1)에 따라 'C→B'가 성립되므로 정답은 ④번이다.

① 조건1은 A가 학교에 가면 B도 학교에 간다는 의미이지, A가 반드시 학교에 간다는 의미가 아니다.
② 조건1에 따라 A가 학교에 간다면 B도 학교에 간다. 다만 A가 학교에 간다는 것을 알 수 없으므로 반드시 참이 아니다.
③ 조건2는 C가 학교에 가면 A도 학교에 간다는 의미이지, C가 반드시 학교에 간다는 의미가 아니다. 가령 '내일 날씨가 맑으면 소풍을 가자'라고 말했다고, '내일 날씨가 반드시 맑은 것'은 아닌 것이다.

정답 ④

| 1 | ~(부정): A가 아니다 ⇒ ~A
A가 아닌 것은 아니다
⇒ ~(~A) ≡ A |
| 2 | 선언(∨)의 부정:
~(A∨B) ≡ ~A∧~B |
| 3 | 연언(∧)의 부정:
~(A∧B) ≡ ~A∨~B |
| 4 | 선언 기호(∨) 제거:
(A∨B, ~A)→B |
| 5 | 배타적 선언:
A⊕B ≡ (A∨B)∧~(A∧B) |
| 6 | 'A→B'가 거짓 ≡ 'A', '~B' |
| 7 | ~A∨B ≡ A→B |
| 8 | 오직 A일 때에만 B할 수 있다
≡ B는 A의 충분조건이다
≡ B→A |
| 9 | 대우 P→Q ≡ ~Q→~P |
| 10 | 모순 P→Q, P→~Q ≡ ~P |
| 11 | 술어 논리:
어떤 A는 B이다 ≡ A∧B |

002

A, B, C, D 네 개의 국책 사업 추진 여부를 두고, 정부가 다음과 같은 기본 방침을 정했다고 하자. 이를 따를 때 반드시 참이라고 할 수 있는 것은?

- A를 추진한다면, B도 추진한다.
- C를 추진한다면, D도 추진한다.
- A와 C 모두 추진한다.

① A, B, C, D 모두 추진된다.
② B가 추진되지 않는다.
③ D가 추진되지 않는다.
④ B와 D 모두 추진되지 않는다.

• 해제

조건 분석

주어진 조건들을 기호화하면 다음과 같다.

- A를 추진한다면, B도 추진한다. ·········· 조건1. A→B
- C를 추진한다면, D도 추진한다. ·········· 조건2. C→D
- A와 C 모두 추진한다. ························ 조건3. A∧C

선택지 해설

1) 조건3에 따라서 A와 C는 추진된다.
2) 조건1에 따라서 A가 성립되면 B는 성립된다. 조건3에 따라 A가 추진됨이 확정되었다. 따라서 B도 추진한다.
3) 조건2에 따라서 C가 성립되면 D는 성립된다. 조건3에 따라 C가 추진됨이 확정되었다. 따라서 D도 추진한다.

A, B, C, D 사업 모두 추진되므로 정답은 ①번이다.

② 조건3에 따라 A가 추진되고, 조건1에 따라 A가 추진되면 B도 추진한다.
③ 조건3에 따라 C가 추진되고, 조건2에 따라 C가 추진되면 D도 추진한다.
④ 조건3에 따라 A와 C가 추진되고 조건1, 2에 따라 B와 D도 추진된다.

정답 ①

| 1 | ~(부정): A가 아니다 ⇒ ~A
A가 아닌 것은 아니다
⇒ ~(~A) ≡ A |
| 2 | 선언(∨)의 부정:
~(A∨B) ≡ ~A∧~B |
| 3 | 연언(∧)의 부정:
~(A∧B) ≡ ~A∨~B |
| 4 | 선언 기호(∨) 제거:
(A∨B, ~A)→B |
| 5 | 배타적 선언:
A⊕B ≡ (A∨B)∧~(A∧B) |
| 6 | 'A→B'가 거짓 ≡ 'A', '~B' |
| 7 | ~A∨B ≡ A→B |
| 8 | 오직 A일 때에만 B할 수 있다
 ≡ B는 A의 충분조건이다
 ≡ B→A |
| 9 | 대우 P→Q ≡ ~Q→~P |
| 10 | 모순 P→Q, P→~Q ≡ ~P |
| 11 | 술어 논리:
   어떤 A는 B이다 ≡ A∧B |

003

A, B, C, D 네 개의 국책 사업 추진 여부를 두고, 정부가 다음과 같은 기본 방침을 정했다고 하자. 이를 따를 때 반드시 참이라고 할 수 있는 것은?

- A를 추진한다면, B도 추진한다.
- C를 추진한다면, D도 추진한다.
- A나 C 가운데 적어도 한 사업은 추진한다.

① 적어도 두 사업은 추진한다.
② A가 추진된다.
③ B가 추진된다.
④ D가 추진된다.

• 해제

조건 분석

주어진 조건들을 기호화하면 다음과 같다.

- A를 추진한다면, B도 추진한다. ········· 조건1. A→B
- C를 추진한다면, D도 추진한다. ········· 조건2. C→D
- A나 C 가운데 적어도 한 사업은 추진한다. ········· 조건3. A∨C

선택지 해설

1) 조건1에 따라서 A가 성립되면 B는 성립된다. 그러나 A가 성립되었는지는 확정되지 않았다. 조건1은 만약 A가 성립되었다면 B는 반드시 성립된다는 의미이다.

2) 조건2에 따라서 C가 성립되면 D는 성립된다. 그러나 C가 성립되었는지는 확정되지 않았다. 조건2는 만약 C가 성립되었다면 D는 반드시 성립된다는 의미이다.

3) 조건3에 따라서 A나 C는 추진되어야 한다. 이 말은 다음의 3가지 중 하나를 만족해야 한다.
   ① A가 추진되고 C가 추진되지 않는다.
   ② C가 추진되고 A가 추진되지 않는다.
   ③ A가 추진되고 C도 추진된다.

4) 3)의 ①~③가지 경우를 각각 따져보자.
   ①: A, ~C가 확정되었으므로 조건1에 따라 B가 확정되었다. 그러나 D인지 ~D인지는 알 수 없다. 'A, B, ~C'
   ②: C, ~A가 확정되었으므로 조건2에 따라 D가 확정되었다. 그러나 B인지 ~B인지는 알 수 없다. '~A, C, D'
   ③: A, C가 확정되었으므로 조건1에 따라 B가 확정되었고, 조건2에 따라 D가 확정되었다. 'A, B, C, D'

5) ①번일 때에는 적어도 A, B는 진행되고, ②번일 때에는 적어도 C, D는 진행되고, ③번일 때에는 A, B, C, D 모두 진행되므로 적어도 두 사업은 추진된다고 결론 내릴 수 있다.

따라서 정답은 ①번이다.

② A가 추진됨을 확정할 수 없다.
③ 조건1에 따라 A가 추진되면 B가 추진된다. 다만 A가 추진됨을 확정할 수 없다.
④ 조건2에 따라 C가 추진되면 D가 추진된다. 다만 C가 추진됨을 확정할 수 없다.

정답 ①

1	~(부정): A가 아니다 ⇒ ~A A가 아닌 것은 아니다 ⇒ ~(~A) ≡ A
2	선언(∨)의 부정: ~(A∨B) ≡ ~A∧~B
3	연언(∧)의 부정: ~(A∧B) ≡ ~A∨~B
4	선언 기호(∨) 제거: (A∨B, ~A)→B
5	배타적 선언: A⊕B ≡ (A∨B)∧~(A∧B)
6	'A→B'가 거짓 ≡ 'A', '~B'
7	~A∨B ≡ A→B
8	오직 A일 때에만 B할 수 있다 ≡ B는 A의 충분조건이다 ≡ B→A
9	대우 P→Q ≡ ~Q→~P
10	모순 P→Q, P→~Q ≡ ~P
11	술어 논리: 어떤 A는 B이다 ≡ A∧B

004

A, B, C, D 네 개의 국책 사업 추진 여부를 두고, 정부가 다음과 같은 기본 방침을 정했다고 하자. 이를 따를 때 반드시 참이라고 할 수 있는 것은?

- A를 추진한다면, B가 추진되지 않는 것은 아니다.
- C를 추진한다면, D는 추진되지 않는다.
- A와 D 모두 추진한다.
- B가 추진된다면, C는 추진되지 않는다.

① A, B, C, D 모두 추진된다.
② B만 추진되지 않는다.
③ C만 추진되지 않는다.
④ B와 C 모두 추진되지 않는다.

• 해제

조건 분석

주어진 조건들을 기호화하면 다음과 같다.

- A를 추진한다면, B가 추진되지 않는 것은 아니다. ········ 조건1. A→~(~B) ≡ A→B
- C를 추진한다면, D는 추진되지 않는다. ··················· 조건2. C→~D
- A와 D 모두 추진한다. ··· 조건3. A∧D
- B가 추진된다면, C는 추진되지 않는다. ··················· 조건4. B→~C

선택지 해설

1) 조건3에 따라 A, D는 확정이다.
2) 조건1에 따라 A가 확정이므로 B도 확정이다.
3) 2)에 따라 B가 확정이므로 조건4에 따라 ~C가 확정이다.

확정된 것을 정리하면 A, B, ~C, D이므로 정답은 ③번이다.

① 조건3에 따라 A, D가 확정이고 조건1에 따라 B가 확정된다. 조건4에 따라 C가 추진되지 않는다.
② 조건3에 따라 A, D가 확정이고 조건1에 따라 B가 확정된다. 조건4에 따라 C만 추진되지 않는다.
④ 조건3에 따라 A, D가 확정이고 조건1에 따라 B가 확정된다. 조건4에 따라 C만 추진되지 않는다.

정답 ③

1	~(부정): A가 아니다 ⇒ ~A A가 아닌 것은 아니다 ⇒ ~(~A) ≡ A
2	선언(∨)의 부정: ~(A∨B) ≡ ~A∧~B
3	연언(∧)의 부정: ~(A∧B) ≡ ~A∨~B
4	선언 기호(∨) 제거: (A∨B, ~A)→B
5	배타적 선언: A⊕B ≡ (A∨B)∧~(A∧B)
6	'A→B'가 거짓 ≡ 'A', '~B'
7	~A∨B ≡ A→B
8	오직 A일 때에만 B할 수 있다 ≡ B는 A의 충분조건이다 ≡ B→A
9	대우 P→Q ≡ ~Q→~P
10	모순 P→Q, P→~Q ≡ ~P
11	술어 논리: 어떤 A는 B이다 ≡ A∧B

005

다음 조건들이 참이라고 할 때 반드시 참인 것은?

- 갑이 면접을 보면, 을도 면접을 본다.
- 갑이 면접을 보면, 병과 정은 면접을 보지 않는다.
- 정이 면접을 보지 않으면, 무는 면접을 본다.
- 갑은 면접을 본다.

① 을과 병은 면접을 본다.
② 병과 정은 면접을 본다.
③ 정만 면접을 보지 않는다.
④ 갑, 을, 무 모두 면접을 본다.

• 해제

조건 분석

주어진 조건들을 기호화하면 다음과 같다.

- 갑이 면접을 보면, 을도 면접을 본다. ··· 조건1. 갑→을
- 갑이 면접을 보면, 병과 정은 면접을 보지 않는다. ·················· 조건2. 갑→~병∧~정
- 정이 면접을 보지 않으면, 무는 면접을 본다. ································ 조건3. ~정→무
- 갑은 면접을 본다. ·· 조건4. 갑

선택지 해설

1) 조건4에 따라 '갑'이 확정이다.
2) 1)에 따라 '갑'이 확정이므로 조건1에 따라 '을'이 확정이다.
3) 1)에 따라 '갑'이 확정이므로 조건2에 따라 '~병, ~정'이 확정이다.
4) 3)에 따라 '~정'이 확정이므로 조건3에 따라 '무'가 확정이다.
5) 확정된 것을 정리해 보면 '갑, 을, ~병, ~정, 무'이므로 ④번이 정답이다.

정답 ④

2 논리 기호 심화편 – 드모르간의 법칙

영국의 수학자 드모르간은 '선언의 부정'과 '연언의 부정'에 대해서 법칙을 수립했다. 이를 '드모르간의 법칙'이라고 한다.

(1) 선언(∨)의 부정: $\sim(A \vee B) \equiv \sim A \wedge \sim B$

'A 또는 B이다'의 부정은 'A 또는 B가 아니다'이다. 이 말은 곧 'A도 아니고 B도 아니다'라는 의미로 '$\sim A \wedge \sim B$'가 된다. 가령 '이 과일은 사과이거나 배이다'의 부정은 '이 과일은 사과나 배가 아니다, 이 과일은 사과 또는 배가 아니다'이다. 이 말의 의미는 곧 '이 과일은 사과도 아니고, 배도 아니다'라는 의미이다. 기호화하면 '이 과일은 A나 B이다($\equiv A \vee B$)'의 부정은 '이 과일은 A나 B가 아니다($\equiv \sim(A \vee B)$)'이고, 이 말은 곧 '이 과일은 A도 아니고, B도 아니다($\equiv \sim A \wedge \sim B$)'란 의미이다.

(2) 연언(∧)의 부정: $\sim(A \wedge B) \equiv \sim A \vee \sim B$

'A이면서 B이다'의 부정은 'A가 아니거나 B가 아니다'라는 의미이다. 상술하자면 'A이면서 B이다'를 부정하려면 다음 세 가지 경우 중 하나면 된다.

① 'A는 아니지만 B이다'
② 'A이지만 B는 아니다'
③ 'A도 B도 아니다'

가령 '식탁 위에 젓가락과 숟가락이 있다'를 부정하려면 '식탁 위에 젓가락은 없고, 숟가락만 있다'거나 '식탁 위에 젓가락은 있는데, 숟가락이 없다'거나 '식탁 위에 젓가락과 숟가락 모두 없다'가 되어야 한다. 주의해야 할 점은 '식탁 위에 젓가락과 숟가락이 있다'의 부정이 '식탁 위에 젓가락과 숟가락이 없다'가 아니라는 점이다. '식탁 위에 젓가락과 숟가락이 없다'는 '$\sim A \wedge \sim B$'이고, 이는 '$(A \wedge B)$'를 부정하는 하나의 방법인 ③번만을 의미하기 때문에 '$(A \wedge B)$'의 적절한 부정이 될 수 없다. '식탁 위에 젓가락과 숟가락이 있다'를 정확히 부정하려면 '식탁 위에 젓가락과 숟가락이 모두 있는 것은 아니다'라고 표현해야 한다.

결국 '$A \wedge B$'의 부정인 '$\sim(A \wedge B)$'는 '$\sim A \vee \sim B$'가 된다.

※ 교환 법칙: $A \land B \equiv B \land A$, $A \lor B \equiv B \lor A$

'사과(A)와 배(B)가 있다'라는 말은 '배(B)와 사과(A)가 있다'라는 말과 동치이다. 즉 '사과와 배($A \land B$)'는 '배와 사과($B \land A$)'와 동치로, 이렇게 연언일 때 A와 B의 자리 바꿈이 성립하는 것을 교환 법칙이라고 한다. 이는 선언도 마찬가지이다. '사과(A)나 배(B)가 있다'라는 말은 '배(B)나 사과(A)가 있다'라는 말과 동치이다. 이를 기호화하면 다음과 같다.

$$A \land B \equiv B \land A \quad / \quad A \lor B \equiv B \lor A$$

이는 부정일 때에도 마찬가지로 성립된다.

$$\sim A \land \sim B \equiv \sim B \land \sim A \quad / \quad \sim A \lor \sim B \equiv \sim B \lor \sim A$$

1	~(부정): A가 아니다 ⇒ ~A A가 아닌 것은 아니다 ⇒ ~(~A) ≡ A
2	선언(∨)의 부정: ~(A∨B) ≡ ~A∧~B
3	연언(∧)의 부정: ~(A∧B) ≡ ~A∨~B
4	선언 기호(∨) 제거: (A∨B, ~A)→B
5	배타적 선언: A⊕B ≡ (A∨B)∧~(A∧B)
6	'A→B'가 거짓 ≡ 'A', '~B'
7	~A∨B ≡ A→B
8	오직 A일 때에만 B할 수 있다 ≡ B는 A의 충분조건이다 ≡ B→A
9	대우 P→Q ≡ ~Q→~P
10	모순 P→Q, P→~Q ≡ ~P
11	술어 논리: 어떤 A는 B이다 ≡ A∧B

006
다음 조건들이 참이라고 할 때 반드시 참인 것은?

- A가 학교에 가거나 B가 학교에 간다.
- A가 학교에 가거나 C가 학교에 간다.
- D가 학교에 가면 C도 학교에 간다.

① A가 학교에 가면 총 3명이 학교에 간다.
② A가 학교에 가지 않으면 B와 C가 학교에 간다.
③ D가 학교에 가면 B도 학교에 간다.
④ D가 학교에 가지 않으면 C도 학교에 가지 않는다.

• 해제

조건 분석

주어진 조건들을 기호화하면 다음과 같다.

- A가 학교에 가거나 B가 학교에 간다. ·········· 조건1. A∨B
- A가 학교에 가거나 C가 학교에 간다. ·········· 조건2. A∨C
- D가 학교에 가면 C도 학교에 간다. ·········· 조건3. D→C

선택지 해설

조건만으로는 확정된 것이 없으므로 선택지별로 살펴봐야 한다.

① 'A'가 확정된다고 'B, C, D'의 진위가 판단되는 것은 아니다.
② '~A'면 조건1에 따라 'B'가 확정된다. '~A'면 조건2에 따라 'C'가 확정된다. 따라서 ②번은 적절하다.
③ 'D'가 확정되면 조건3에 따라 'C'가 확정된다. 그러나 'B'에 대해서는 진위 여부를 판단할 수 없다.
④ '~D'가 확정되었다고 '~C'가 확정되지는 않는다.

정답 ②

| 1 | ~(부정): A가 아니다 ⇒ ~A
A가 아닌 것은 아니다
⇒ ~(~A) ≡ A |
|---|---|
| 2 | 선언(∨)의 부정:
~(A∨B) ≡ ~A∧~B |
| 3 | 연언(∧)의 부정:
~(A∧B) ≡ ~A∨~B |
| 4 | 선언 기호(∨) 제거:
(A∨B, ~A)→B |
| 5 | 배타적 선언:
A⊕B ≡ (A∨B)∧~(A∧B) |
| 6 | 'A→B'가 거짓 ≡ 'A', '~B' |
| 7 | ~A∨B ≡ A→B |
| 8 | 오직 A일 때에만 B할 수 있다
≡ B는 A의 충분조건이다
≡ B→A |
| 9 | 대우 P→Q ≡ ~Q→~P |
| 10 | 모순 P→Q, P→~Q ≡ ~P |
| 11 | 술어 논리:
어떤 A는 B이다 ≡ A∧B |

007

다음 조건들이 참이라고 할 때 반드시 참인 것은?

- A가 학교에 가면 B도 학교에 간다.
- A가 학교에 가면 C와 D는 학교에 가지 않는다.
- D가 학교에 가지 않으면 E는 학교에 간다.
- A는 학교에 간다.

① B와 C는 학교에 간다.
② B와 E는 학교에 간다.
③ C와 D는 학교에 간다.
④ D만 학교에 가지 않는다.

• 해제

조건 분석

주어진 조건들을 기호화하면 다음과 같다.

- A가 학교에 가면 B도 학교에 간다. ······················· 조건1. A→B
- A가 학교에 가면 C와 D는 학교에 가지 않는다. ·········· 조건2. A→~C∧~D
- D가 학교에 가지 않으면 E는 학교에 간다. ················ 조건3. ~D→E
- A는 학교에 간다. ··· 조건4. A

선택지 해설

1) 조건4에 따라 A는 확정이다.
2) A가 확정이므로 조건1에 따라 B도 확정이다.
3) A가 확정이므로 조건2에 따라 ~C, ~D도 확정이다.
4) 3)에서 ~D가 확정이므로 조건3에 따라 E도 확정이다.

'A, B, ~C, ~D, E'이므로 정답은 ②번이다.

① 조건4에 따라 A는 학교에 간다. 조건2에 따라 A가 학교에 가면 C는 학교에 가지 않는다.
③ 조건4에 따라 A는 학교에 간다. 조건2에 따라 A가 학교에 가면 C와 D는 학교에 가지 않는다.
④ 조건4에 따라 A는 학교에 간다. 조건2에 따라 A가 학교에 가면 D뿐만 아니라 C도 학교에 가지 않는다.

정답 ②

1	~(부정): A가 아니다 ⇒ ~A A가 아닌 것은 아니다 ⇒ ~(~A) ≡ A
2	선언(∨)의 부정: ~(A∨B) ≡ ~A∧~B
3	연언(∧)의 부정: ~(A∧B) ≡ ~A∨~B
4	선언 기호(∨) 제거: (A∨B, ~A)→B
5	배타적 선언: A⊕B ≡ (A∨B)∧~(A∧B)
6	'A→B'가 거짓 ≡ 'A', '~B'
7	~A∨B ≡ A→B
8	오직 A일 때에만 B할 수 있다 ≡ B는 A의 충분조건이다 ≡ B→A
9	대우 P→Q ≡ ~Q→~P
10	모순 P→Q, P→~Q ≡ ~P
11	술어 논리: 어떤 A는 B이다 ≡ A∧B

008
다음 조건들이 참이라고 할 때 반드시 참인 것은?

- A나 B가 학교에 간다는 말은 사실이 아니다.
- A가 학교에 가면 C도 학교에 간다.
- B가 학교에 가지 않으면 D가 학교에 간다.
- C가 학교에 가면 D도 학교에 간다.

① B와 C는 학교에 간다.
② B와 D는 학교에 간다.
③ C와 D는 학교에 간다.
④ D는 학교에 간다.

• 해제

조건 분석

주어진 조건들을 기호화하면 다음과 같다.

- A나 B가 학교에 간다는 말은 사실이 아니다. ········· 조건1. ~(A∨B) ≡ ~A∧~B
- A가 학교에 가면 C도 학교에 간다. ················· 조건2. A→C
- B가 학교에 가지 않으면 D가 학교에 간다. ············ 조건3. ~B→D
- C가 학교에 가면 D도 학교에 간다. ················· 조건4. C→D

선택지 해설

1) 조건1인 '~(A∨B)'는 드모르간의 법칙에 따라 '~A∧~B'로 변환된다.
2) 1)에 따라 '~B'이므로 조건3에 따라 'D'이다.
3) 확정된 것을 정리하면 '~A, ~B, D'이므로 정답은 ④번이다.

① 조건1인 '~(A∨B)'는 드모르간의 법칙에 따라 '~A∧~B'로 변환되어 'B'는 학교에 가지 않는다. 'C'는 알 수 없다.
② 조건1인 '~(A∨B)'는 드모르간의 법칙에 따라 '~A∧~B'로 변환되어 'B'는 학교에 가지 않고 조건3에 따라 'D'는 학교에 간다.
③ 조건1인 '~(A∨B)'는 드모르간의 법칙에 따라 '~A∧~B'로 변환되어 'B'는 학교에 가지 않고 조건3에 따라 'D'는 학교에 간다. 'C'에 대해서는 알 수 없다.

정답 ④

| 1 | ~(부정): A가 아니다 ⇒ ~A
A가 아닌 것은 아니다
⇒ ~(~A) ≡ A |
| 2 | 선언(∨)의 부정:
~(A∨B) ≡ ~A∧~B |
| 3 | 연언(∧)의 부정:
~(A∧B) ≡ ~A∨~B |
| 4 | 선언 기호(∨) 제거:
(A∨B, ~A)→B |
| 5 | 배타적 선언:
A⊕B ≡ (A∨B)∧~(A∧B) |
| 6 | 'A→B'가 거짓 ≡ 'A', '~B' |
| 7 | ~A∨B ≡ A→B |
| 8 | 오직 A일 때에만 B할 수 있다
≡ B는 A의 충분조건이다
≡ B→A |
| 9 | 대우 P→Q ≡ ~Q→~P |
| 10 | 모순 P→Q, P→~Q ≡ ~P |
| 11 | 술어 논리:
어떤 A는 B이다 ≡ A∧B |

009

다음 조건들이 참이라고 할 때 반드시 참인 것은?

- A와 B가 함께 학교에 가는 것이 아니면 C는 학교에 간다.
- A가 학교에 가지 않으면 B는 학교에 가지 않는다.
- C가 학교에 가면 D는 학교에 간다.
- B가 학교에 가지 않으면 E가 학교에 간다.
- B는 학교에 가지 않는다.

① A와 C는 학교에 가지 않는다.
② B와 E는 학교에 간다.
③ C와 D는 학교에 간다.
④ E는 학교에 가지 않는다.

• 해제

조건 분석

주어진 조건들을 기호화하면 다음과 같다.

- A와 B가 함께 학교에 가는 것이 아니면 C는 학교에 간다. ········· 조건1. ~(A∧B)→C ≡ ~A∨~B→C
- A가 학교에 가지 않으면 B는 학교에 가지 않는다. ········· 조건2. ~A→~B
- C가 학교에 가면 D는 학교에 간다. ········· 조건3. C→D
- B가 학교에 가지 않으면 E가 학교에 간다. ········· 조건4. ~B→E
- B는 학교에 가지 않는다. ········· 조건5. ~B

선택지 해설

1) 조건5에 따라 ~B는 확정이다.
2) 조건1의 ~(A∧B)→C는 드모르간 법칙에 따라 ~A∨~B→C로 변환된다. 1)에 따라 ~B이므로 C도 확정이다.
3) 1)에 따라 ~B이므로 조건4에 따라 E도 확정이다.
4) 2)에 따라 C가 확정이므로 조건3에 따라 D도 확정이다.

조건2를 활용할 수 있는 정언 명제는 없으므로 여기까지 확정된 것을 파악하면 '~B, C, D, E'가 된다. 따라서 정답은 ③번이다.

① 조건5에 따라 B는 학교에 가지 않는다. 조건1의 ~(A∧B)→C는 드모르간 법칙에 따라 ~A∨~B→C로 변환되고, ~B가 확정이기에 C는 학교에 간다. A는 알 수 없다.
② 조건5에 따라 B는 학교에 가지 않는다.
④ 조건5에 따라 B는 학교에 가지 않고 조건4에 따라 E는 학교에 간다.

정답 ③

1	~(부정): A가 아니다 ⇒ ~A A가 아닌 것은 아니다 ⇒ ~(~A) ≡ A	
2	선언(∨)의 부정: ~(A∨B) ≡ ~A∧~B	
3	연언(∧)의 부정: ~(A∧B) ≡ ~A∨~B	
4	선언 기호(∨) 제거: (A∨B, ~A)→B	
5	배타적 선언: A⊕B ≡ (A∨B)∧~(A∧B)	
6	'A→B'가 거짓 ≡ 'A', '~B'	
7	~A∨B ≡ A→B	
8	오직 A일 때에만 B할 수 있다 ≡ B는 A의 충분조건이다 ≡ B→A	
9	대우 P→Q ≡ ~Q→~P	
10	모순 P→Q, P→~Q ≡ ~P	
11	술어 논리: 어떤 A는 B이다 ≡ A∧B	

3 논리 기호 심화편 – 선언(∨)과 조건문

(1) 선언 기호(∨) 제거: (A∨B, ~A)→B

앞서 언급한 것처럼 A∨B라고 하면 A, B 중 적어도 하나는 성립한다는 의미이다. A와 B 모두 성립해도 괜찮다. 그런데 A∨B 상태에서 만약 ~A가 확정되면 어떻게 될까? A, B 중 적어도 하나는 성립해야 하므로 B는 반드시 성립해야 한다. 가령 '식탁 위에는 사과 아니면 배가 있다. 그런데 식탁 위에 사과는 없다.'라고 한다면 '식탁 위에는 반드시 배가 있다'라고 결론 내릴 수 있는 것이다.

전제	A∨B ~A	A∨~B B	~A∨~B B	A∨B A	~A∨~B ~B
결론	B	A	~A	~B?	A?

010

다음 조건들이 참이라고 할 때 반드시 참인 것은?

- 갑이 현장 학습에 참여하거나 을이 현장 학습에 참여한다.
- 갑이 현장 학습에 참여하거나 병이 현장 학습에 참여한다.
- 정이 현장 학습에 참여하면, 병도 현장 학습에 참여한다.

① 갑이 현장 학습에 참여하면, 적어도 두 명이 현장 학습에 참여한다.
② 갑이 현장 학습에 참여하지 않으면, 을과 병이 현장 학습에 참여한다.
③ 정이 현장 학습에 참여하면, 을도 현장 학습에 참여한다.
④ 정이 현장 학습에 참여하지 않으면, 병도 현장 학습에 참여하지 않는다.

• **해제**

조건 분석

주어진 조건들을 기호화하면 다음과 같다.

- 갑이 현장 학습에 참여하거나 을이 현장 학습에 참여한다. ········· 조건1. 갑∨을
- 갑이 현장 학습에 참여하거나 병이 현장 학습에 참여한다. ········· 조건2. 갑∨병
- 정이 현장 학습에 참여하면, 병도 현장 학습에 참여한다. ········· 조건3. 정→병

선택지 해설

① '갑'을 가정하고 추가로 확정할 수 있는 조건이 없다.
② '~갑'을 가정하면 조건1에 따라 '을'이 확정되고 조건2에 따라 '병'이 확정되므로 참이다.
③ '정'을 가정하면 조건3에 따라 '병'이 확정되지만 '을'에 대해서는 알 수 없다.
④ '~정'을 가정하고 추가로 확정할 수 있는 조건이 없다.

정답 ②

1	~(부정): A가 아니다 ⇒ ~A A가 아닌 것은 아니다 ⇒ ~(~A) ≡ A
2	선언(∨)의 부정: ~(A∨B) ≡ ~A∧~B
3	연언(∧)의 부정: ~(A∧B) ≡ ~A∨~B
4	선언 기호(∨) 제거: (A∨B, ~A)→B
5	배타적 선언: A⊕B ≡ (A∨B)∧~(A∧B)
6	'A→B'가 거짓 ≡ 'A', '~B'
7	~A∨B ≡ A→B
8	오직 A일 때에만 B할 수 있다 ≡ B는 A의 충분조건이다 ≡ B→A
9	대우 P→Q ≡ ~Q→~P
10	모순 P→Q, P→~Q ≡ ~P
11	술어 논리: 어떤 A는 B이다 ≡ A∧B

011

다음 글의 내용이 참일 때, 반드시 참이라고 할 수 있는 것은?

- 철이, 돌이가 모두 시험에 떨어지는 것은 아니다.
- 철이가 시험에 합격하면 석이가 떨어진다.
- 돌이가 합격하면 석이도 합격한다.
- 철이는 합격하지 않는다.

① 철이만 시험에 합격한다.
② 석이만 시험에 합격한다.
③ 철이와 돌이가 시험에 합격한다.
④ 돌이와 석이가 시험에 합격한다.

• **해제**

조건 분석

조건들부터 정리하자. 주어진 조건들은 '합격' 또는 '불합격'과 관련된다. 따라서 '철이가 합격한다'는 '철이'로, '철이가 떨어진다(=불합격한다)'는 '~철이'로 단순화할 수 있다. 이를 바탕으로 주어진 조건들을 정리하면 다음과 같다.

- 철이, 돌이가 모두 시험에 떨어지는 것은 아니다. ········· 조건1. ~(~철이∧~돌이) ≡ 철이∨돌이
- 철이가 시험에 합격하면 석이가 떨어진다. ··············· 조건2. 철이→~석이
- 돌이가 합격하면 석이도 합격한다. ······················· 조건3. 돌이→석이
- 철이는 합격하지 않는다. ·································· 조건4. ~철이

선택지 해설

1) 조건1은 드모르간의 법칙을 사용하여 연언(∧)은 선언(∨)으로 바꾸어 동치를 얻을 수 있다. '~(A∧B) ≡ ~A∨~B'이며, '~(~A∧~B) ≡ A∨B'이므로 '~(~철이∧~돌이) ≡ 철이∨돌이'가 된다.
2) 조건4에 따라 '~철이'는 확정이다.
3) 2)에 따라 '~철이'이므로 조건1의 동치인 '철이∨돌이'의 선언지 제거에 따라 '돌이'는 확정이다.
4) 3)에 따라 '돌이'가 확정이므로 조건3에 따라 '석이'도 확정이다.

확정된 것을 정리해 보면 '~철이, 돌이, 석이'이므로 정답은 ④번이다.

① 조건4에 따라 철이는 시험에 합격하지 않는다.
② 조건1의 ~(~철이∧~돌이)는 드모르간 법칙에 따라 철이∨돌이로 변환되고, 조건4에 따라 철이가 합격하지 않는 것이 확정이기에 돌이도 시험에 합격한다.
③ 조건4에 따라 철이는 시험에 합격하지 않는다.

정답 ④

1	~(부정): A가 아니다 ⇒ ~A A가 아닌 것은 아니다 ⇒ ~(~A) ≡ A
2	선언(∨)의 부정: ~(A∨B) ≡ ~A∧~B
3	연언(∧)의 부정: ~(A∧B) ≡ ~A∨~B
4	선언 기호(∨) 제거: (A∨B, ~A)→B
5	배타적 선언: A⊕B ≡ (A∨B)∧~(A∧B)
6	'A→B'가 거짓 ≡ 'A', '~B'
7	~A∨B ≡ A→B
8	오직 A일 때에만 B할 수 있다 ≡ B는 A의 충분조건이다 ≡ B→A
9	대우 P→Q ≡ ~Q→~P
10	모순 P→Q, P→~Q ≡ ~P
11	술어 논리: 어떤 A는 B이다 ≡ A∧B

(2) 배타적 선언: A⊕B ≡ (A∨B)∧~(A∧B)

선언은 포괄적 선언과 배타적 선언으로 나누어진다. 일반적으로 선언은 포괄적 선언을 뜻한다. 앞서 선언에 대해 언급한 것처럼 'A∨B'는 'A'도 되고, 'B'도 되고, 'A∧B'도 된다. 그러나 배타적 선언은 'A'도 되고, 'B'도 되지만 'A∧B'는 안 된다. 가령 식당에 가서 후식 메뉴를 정할 때 웨이터가 '후식에는 아이스크림 또는 커피가 있습니다'라고 말했을 때 '아이스크림'을 골라도 되고, '커피'도 골라도 되지만 '아이스크림과 커피 모두'를 고를 수는 없다. 이런 것이 곧 배타적 선언이다.

배타적 선언의 기호는 '⊕'이지만 일반적으로 이 기호는 잘 쓰지 않는다. 'A⊕B'는 풀어서 '(A∨B)∧~(A∧B)'라고 쓸 뿐이다. 배타적 선언은 문제에 자주 출제되지는 않는다. 그러나 문제에 활용될 수도 있으니 다음과 같은 문제를 풀어보자.

012

A, B, C, D 네 사람으로 구성된 부서에서 주말 당직을 정하는데 다음의 조건을 모두 지켜야 한다. 당직을 맡을 수 있는 사람을 바르게 짝지은 것은?

- A가 당직을 하면 B도 당직을 한다.
- C나 D가 당직을 하지만 C, D가 동시에 당직을 하지는 않는다.
- B가 당직을 하면 C가 당직을 하지 않는 것은 아니다.
- D가 당직을 하지 않으면 A가 당직을 한다.
- A는 당직을 한다.

① A, B
② A, D
③ B, D
④ C, D

• 해제

조건 분석

주어진 조건들을 정리하면 다음과 같다.

- A가 당직을 하면 B도 당직을 한다. ················ 조건1. A→B
- C나 D가 당직을 하지만 C, D가 동시에 당직을 하지는 않는다. ········ 조건2. C∨D, ~(C∧D)
- B가 당직을 하면 C가 당직을 하지 않는 것은 아니다. ········ 조건3. B→~(~C) ≡ B→C
- D가 당직을 하지 않으면 A가 당직을 한다. ················ 조건4. ~D→A
- A는 당직을 한다. ················ 조건5. A

선택지 해설

1) 조건5에 따라 'A'는 확정이다.
2) 1)에 따라 'A'이므로 조건1에 따라 'B'는 확정이다.
3) 2)에 따라 'B'는 확정이므로 조건3의 동치인 'B→C'에 따라 'C'도 확정이다.
4) 3)에 따라 'C'가 확정이므로 조건2에 따라 '~D'는 확정이다. 조건2는 배타적 선언이다. C나 D 중 적어도 한 명은 반드시 당직을 해야 한다. 그러나 C와 D가 동시에 당직을 설 수는 없다. 3)에 따라 C는 당직을 서야 하므로 D는 당직을 서서는 안 된다.

확정된 것을 정리해 보면 'A, B, C, ~D'이다. 따라서 정답은 ①번이다.

정답 ①

(3) 조건문의 거짓: ~(A→B)≡A, ~B

앞서 언급한 것처럼 조건문이란 'A이면 B이다'라는 식으로 이루어진 문장을 뜻한다. 가령 '내일 날이 맑으면 소풍을 간다'는 말은 '날이 맑다는 조건이 성립된다면', '반드시 소풍을 간다'라는 의미이다. 이때 조건에 해당되는 '내일 날이 맑으면'을 전건(A), '소풍을 간다'를 후건(B)이라고 한다. 한편 '오늘은 날이 맑아 소풍을 갔다'라는 명제는 조건문이 아니다. 이미 벌어진 사실에 불과하다. 즉 조건문에서 전건은 아직 이루어지지 않은 조건을 다루고 있어야 하며, 후건은 전건이 성립되었을 때 반드시 일어나는 일이어야 한다.

이번에는 조건문의 참과 거짓을 따져 보자. '내일 날이 맑으면 소풍을 간다'라고 아빠가 딸에게 약속했다고 하자. 이런 상태에서 다음의 네 가지 상황이 일어났다.

① 내일 날이 맑았고, 소풍을 갔다.
② 내일 날이 맑았고, 소풍을 가지 않았다.
③ 내일 날이 맑지 않았고, 소풍을 갔다.
④ 내일 날이 맑지 않았고, 소풍을 가지 않았다.

①~④번 중에서 아빠가 약속을 어긴 경우는 몇 번일까? ①번의 경우부터 생각해 보자. 아빠는 딸에게 '내일 날이 맑으면 소풍을 간다'라고 약속했고, 그 약속을 지킨 경우이다. 따라서 ①번은 아빠가 참말을 한 것이다. ②번은 어떨까? '날이 맑으면'이라는 조건을 충족하고도 반드시 벌어져야 할 '소풍을 간다'가 일어나지 않았다. ②번의 경우는 분명 아빠가 딸에게 한 약속을 어긴 경우이고, 아빠가 딸에게 거짓말을 한 경우이다.

문제는 ③번과 ④번이다. 아빠는 분명히 딸에게 '날이 맑으면'이라는 조건을 내걸고, 그 조건이 성립하면 '소풍을 간다'라고 약속했다. 그런데 ③번의 경우 '날이 맑지 않았기' 때문에 조건이 성립되지 않았다. 그럼에도 불구하고 아빠는 딸과 함께 '소풍을 갔다'. 그럼 아빠는 약속을 어긴 것일까? 그렇지는 않다. 아빠가 '비가 오면 소풍을 안 간다'라고 약속한 적은 없기 때문이다. 이런 점에서 ④번도 마찬가지이다. ④번 역시 '날이 맑으면'이라는 조건을 만족시키지 못했으므로 '반드시 소풍을 가야 할 필요'는 없었다. 따라서 '비가 와서 소풍을 가지 않은' 아빠를 거짓말쟁이라고 비난할 수는 없다. 이를 진리표로 만들면 다음과 같다.

전건(A)-조건 '내일 날이 맑으면'	후건(B) '(반드시) 소풍을 간다'	진위 판단
T '내일 날이 맑음'	T '소풍을 감'	T (참)
T '내일 날이 맑음'	F '소풍을 가지 않음'	F (거짓)
F '내일 날이 맑지 않음'	T '소풍을 감'	T (참)
F '내일 날이 맑지 않음'	F '소풍을 가지 않음'	T (참)

위의 표를 통해서 'A이면 B이다'라는 조건문이 거짓이려면 전건은 실제로 일어났지만 후건은 부정이 될 때에만 가능하다. 가령 '밥을 먹으면 커피를 마신다'라는 명제가 거짓이라고 한다면 '밥을 먹은 것'이 확정되었고, '커피를 마신다'의 부정, 즉 '커피를 마시지 않는다'가 확정되었음을 의미한다. 정리하자면 'A→B'가 거짓이라는 의미는 'A', '~B'가 확정되었음을 뜻하는 것이다.

이를 바탕으로 다음의 문제를 풀어보자.

memo

1	~(부정): A가 아니다 ⇒ ~A A가 아닌 것은 아니다 ⇒ ~(~A) ≡ A
2	선언(∨)의 부정: ~(A∨B) ≡ ~A∧~B
3	연언(∧)의 부정: ~(A∧B) ≡ ~A∨~B
4	선언 기호(∨) 제거: (A∨B, ~A)→B
5	배타적 선언: A⊕B ≡ (A∨B)∧~(A∧B)
6	'A→B'가 거짓 ≡ 'A', '~B'
7	~A∨B ≡ A→B
8	오직 A일 때에만 B할 수 있다 ≡ B는 A의 충분조건이다 ≡ B→A
9	대우 P→Q ≡ ~Q→~P
10	모순 P→Q, P→~Q ≡ ~P
11	술어 논리: 어떤 A는 B이다 ≡ A∧B

013

A, B, C, D 네 개의 국책 사업 추진 여부를 두고, 정부가 다음과 같은 기본 방침을 정했다고 하자. 이를 따를 때 반드시 참이라고 할 수 있는 것은?

- 'A를 추진한다면, B도 추진한다'라는 말은 거짓이다.
- C를 추진한다면, D는 추진되지 않는다.
- A를 추진한다면, D도 추진한다.
- B가 추진되지 않는다면, C도 추진되지 않는다.

① A, B, C, D 모두 추진된다.
② B만 추진되지 않는다.
③ C만 추진되지 않는다.
④ B와 C 모두 추진되지 않는다.

• 해제

조건 분석

주어진 조건들을 기호화하면 다음과 같다.

- 'A를 추진한다면, B도 추진한다'라는 말은 거짓이다. ············ 조건1. A, ~B
- C를 추진한다면, D는 추진되지 않는다. ······························ 조건2. C→~D
- A를 추진한다면, D도 추진한다. ·· 조건3. A→D
- B가 추진되지 않는다면, C도 추진되지 않는다. ······················ 조건4. ~B→~C

선택지 해설

1) 조건1에 따라 A, ~B는 확정이다.
2) 1)에 따라 A가 확정이므로 조건3에 따라 D도 확정이다.
3) 1)에 따라 ~B가 확정이므로 조건4에 따라 ~C도 확정이다.

확정된 것을 정리해 보면 'A, ~B, ~C, D'이다. 따라서 정답은 ④번이다.

① 조건1에 따라 B는 추진되지 않는다. 조건4에 따라 B가 추진되지 않으면 C도 추진되지 않는다.
② 조건1에 따라 B는 추진되지 않고 조건4에 따라 B가 추진되지 않으면 C도 추진되지 않는다.
③ 조건1에 따라 B도 추진되지 않는다.

정답 ④

1	~(부정): A가 아니다 ⇒ ~A A가 아닌 것은 아니다 ⇒ ~(~A) ≡ A
2	선언(∨)의 부정: ~(A∨B) ≡ ~A∧~B
3	연언(∧)의 부정: ~(A∧B) ≡ ~A∨~B
4	선언 기호(∨) 제거: (A∨B, ~A)→B
5	배타적 선언: A⊕B ≡ (A∨B)∧~(A∧B)
6	'A→B'가 거짓 ≡ 'A', '~B'
7	~A∨B ≡ A→B
8	오직 A일 때에만 B할 수 있다 ≡ B는 A의 충분조건이다 ≡ B→A
9	대우 P→Q ≡ ~Q→~P
10	모순 P→Q, P→~Q ≡ ~P
11	술어 논리: 어떤 A는 B이다 ≡ A∧B

014

다음 글의 내용이 참일 때, 반드시 참이라고 할 수 있는 것은?

- 철이, 석이가 모두 시험에 떨어지는 것은 아니다.
- 철이가 시험에 합격하면 석이가 떨어진다.
- '돌이가 합격한다면 철이도 합격한다'는 소문은 거짓이다.

① 철이만 시험에 합격한다.
② 석이만 시험에 합격한다.
③ 철이와 돌이가 시험에 합격한다.
④ 돌이와 석이가 시험에 합격한다.

• 해제

조건 분석

조건들부터 정리하자. 주어진 조건들은 '합격' 또는 '불합격'과 관련된다. 따라서 '철이가 합격한다'는 '철이'로, '철이가 떨어진다(=불합격한다)'는 '~철이'로 단순화할 수 있다. 이를 바탕으로 주어진 조건들을 정리하면 다음과 같다.

- 철이, 석이가 모두 시험에 떨어지는 것은 아니다. ········· 조건1. ~(~철이∧~석이) ≡ 철이∨석이
- 철이가 시험에 합격하면 석이가 떨어진다. ············· 조건2. 철이→~석이
- '돌이가 합격한다면 철이도 합격한다'는 소문은 거짓이다. ······ 조건3. 돌이, ~철이

선택지 해설

1) 조건1은 드모르간의 법칙을 사용하여 연언(∧)은 선언(∨)으로 바꾸어 동치를 얻을 수 있다. '~(A∧B) ≡ ~A∨~B'이며, '~(~A∧~B) ≡ A∨B'이므로 '~(~철이∧~석이) ≡ 철이∨석이'가 된다.
2) 조건3에 따라 '돌이, ~철이'는 확정이다.
3) 2)에 따라 '~철이'이므로 조건1의 동치인 '철이∨석이'에 따라 '석이'는 확정이다.

확정된 것을 정리해 보면 '~철이, 돌이, 석이'이므로 정답은 ④번이다.

① 조건3에 따라 철이는 시험에 합격하지 않는다.
② 조건3에 따라 돌이도 시험에 합격한다.
③ 조건3에 따라 철이는 시험에 합격하지 않는다.

정답 ④

1	~(부정): A가 아니다 ⇒ ~A A가 아닌 것은 아니다 ⇒ ~(~A) ≡ A
2	선언(∨)의 부정: ~(A∨B) ≡ ~A∧~B
3	연언(∧)의 부정: ~(A∧B) ≡ ~A∨~B
4	선언 기호(∨) 제거: (A∨B, ~A)→B
5	배타적 선언: A⊕B ≡ (A∨B)∧~(A∧B)
6	'A→B'가 거짓 ≡ 'A', '~B'
7	~A∨B ≡ A→B
8	오직 A일 때에만 B할 수 있다 ≡ B는 A의 충분조건이다 ≡ B→A
9	대우 P→Q ≡ ~Q→~P
10	모순 P→Q, P→~Q ≡ ~P
11	술어 논리: 어떤 A는 B이다 ≡ A∧B

015

다음 조건들이 참이라고 할 때 반드시 참인 것은?

- A 또는 D가 학교에 가는 것이 아니라면 B는 학교에 간다.
- D가 학교에 가는 것이 아니라면 A가 학교에 가지 않는다.
- E가 학교에 가지 않으면 D는 학교에 간다는 말은 거짓이다.
- A가 학교에 가지 않는다면 C는 학교에 간다.

① B와 C는 학교에 간다.
② B와 E는 학교에 간다.
③ C와 D는 학교에 간다.
④ D만 학교에 가지 않는다.

• 해제

조건 분석

주어진 조건들을 기호화하면 다음과 같다.

- A 또는 D가 학교에 가는 것이 아니라면 B는 학교에 간다. ········· 조건1. ~(A∨D)→B ≡ ~A∧~D→B
- D가 학교에 가는 것이 아니라면 A가 학교에 가지 않는다. ········· 조건2. ~D→~A
- E가 학교에 가지 않으면 D는 학교에 간다는 말은 거짓이다. ········· 조건3. ~E, ~D
- A가 학교에 가지 않는다면 C는 학교에 간다. ········· 조건4. ~A→C

선택지 해설

1) 조건3에 따라 ~D, ~E는 확정이다.
2) 1)에 따라 ~D이므로 조건2에 따라 ~A는 확정이다.
3) 2)에 따라 ~A는 확정이므로 조건4에 따라 C도 확정이다.
4) 1)과 2)에 따라 ~A, ~D는 확정이므로 조건1의 동치인 '~A∧~D→B'에 따라 B도 확정이다.

이상의 확정된 것들을 정리하면 '~A, B, C, ~D, ~E'이므로 정답은 ①번이다.

② 조건3에 따라 E는 학교에 가지 않는다.
③ 조건3에 따라 D는 학교에 가지 않는다.
④ 조건3에 따라 E와 D가 학교에 가지 않고, 조건2에 따라 A도 학교에 가지 않는다.

정답 ①

(4) 조건문으로 전환하기: ~A∨B ≡ A→B / A∨B ≡ ~A→B

'~A∨B'는 'A→B'로 치환할 수 있다. 가령 '진수가 집에 가지 않거나 식사를 한다'라는 명제는 '진수: ~집∨식사'가 된다. 그리고 이 명제는 '진수는 집에 가면 식사를 한다'라는 의미이다. 따라서 '진수: 집→식사'로 표현할 수 있다. 이렇게 표현될 수 있는 까닭은 'A→B'가 참일 때의 진리표가 '~A∨B'의 진리표와 같기 때문이다. 다음을 보자.

전건(A)-조건 '진수가 집에 가면'	후건(B) '(반드시) 식사를 한다'	진위 판단
T '진수가 집에 감'	T '진수가 식사를 함'	T (참)
T '진수가 집에 감'	F '진수가 식사를 하지 않음'	F (거짓)
F '진수가 집에 가지 않음'	T '진수가 식사를 함'	T (참)
F '진수가 집에 가지 않음'	F '진수가 식사를 하지 않음'	T (참)

'A→B'가 참이 되기 위해서는 위의 진리표에서 전건인 'A'가 부정인 '~A'의 상태가 되거나 후건인 'B'가 참으로 확정되면 된다. 그리고 이는 '~A∨B'가 참인 것과 마찬가지가 된다. 다음 표를 보자.

~A '진수가 집에 가지 않음'	B '진수가 식사를 함'	진위 판단
T '진수가 집에 가지 않음'	T '진수가 식사를 함'	T (참)
T '진수가 집에 가지 않음'	F '진수가 식사를 하지 않음'	T (참)
F '진수가 집에 감'	T '진수가 식사를 함'	T (참)
F '진수가 집에 감'	F '진수가 식사를 하지 않음'	F (거짓)

위의 표에서 '~A∨B'가 참이 되기 위해서는 '~A'이거나 'B'이면 된다. 그렇기 때문에 '~A∨B'는 'A→B'와 같은 뜻이며, 서로 치환할 수 있는 것이다. 물론 이러한 진리표가 단번에 이해가 되지 않을 수 있다. 여기서는 일단 '~A∨B'를 'A→B'로 바꿀 수 있음을 기억하면 되겠다. 다음 문제들을 통해 이를 적용해 보자.

memo

1	~(부정): A가 아니다 ⇒ ~A A가 아닌 것은 아니다 ⇒ ~(~A) ≡ A
2	선언(∨)의 부정: ~(A∨B) ≡ ~A∧~B
3	연언(∧)의 부정: ~(A∧B) ≡ ~A∨~B
4	선언 기호(∨) 제거: (A∨B, ~A)→B
5	배타적 선언: A⊕B ≡ (A∨B)∧~(A∧B)
6	'A→B'가 거짓 ≡ 'A', '~B'
7	~A∨B ≡ A→B
8	오직 A일 때에만 B할 수 있다 ≡ B는 A의 충분조건이다 ≡ B→A
9	대우 P→Q ≡ ~Q→~P
10	모순 P→Q, P→~Q ≡ ~P
11	술어 논리: 어떤 A는 B이다 ≡ A∧B

016

다음 <조건>이 모두 참이라고 할 때, 논리적으로 항상 참이라고 볼 수 있는 것은?

<조건>
- 눈이 오면 교실이 조용하다.
- 교실이 조용하지 않거나 복도가 깨끗하다.
- 눈이 왔다.

① 눈이 오지 않는다.
② 교실은 조용하지 않다.
③ 복도가 깨끗하지 않다.
④ 교실이 조용하고 복도는 깨끗하다.

• 해제

조건 분석

주어진 조건들을 기호화하면 다음과 같다.

- 눈이 오면 교실이 조용하다. ··· 조건1. 눈→교실 조용
- 교실이 조용하지 않거나 복도가 깨끗하다. ······················ 조건2. ~교실 조용∨복도 깨끗 ≡ '교실 조용→복도 깨끗'
- 눈이 왔다. ··· 조건3. 눈

선택지 해설

1) 조건3에 따라 '눈'은 확정이다.
2) 1)에 따라 '눈'이므로 조건1에 따라 '교실 조용'도 확정이다.
3) 2)에 따라 '교실 조용'이므로 조건2와 동치인 '교실 조용→복도 깨끗'에 따라 '복도 깨끗'도 확정이다.

즉 확정된 것을 정리해 보면 '눈, 교실 조용, 복도 깨끗'이므로 정답은 ④번이다.

① 조건3에 따라 눈이 왔다.
② 조건3에 따라 눈이 왔고, 조건1에 따라 교실은 조용하다.
③ 조건3에 따라 눈이 왔고, 조건1에 따라 교실은 조용하고, 조건2에 따라 복도는 깨끗하다.

정답 ④

1	~(부정): A가 아니다 ⇒ ~A A가 아닌 것은 아니다 ⇒ ~(~A) ≡ A
2	선언(∨)의 부정: ~(A∨B) ≡ ~A∧~B
3	연언(∧)의 부정: ~(A∧B) ≡ ~A∨~B
4	선언 기호(∨) 제거: (A∨B, ~A)→B
5	배타적 선언: A⊕B ≡ (A∨B)∧~(A∧B)
6	'A→B'가 거짓 ≡ 'A', '~B'
7	~A∨B ≡ A→B
8	오직 A일 때에만 B할 수 있다 = B는 A의 충분조건이다 = B→A
9	대우 P→Q ≡ ~Q→~P
10	모순 P→Q, P→~Q ≡ ~P
11	술어 논리: 어떤 A는 B이다 ≡ A∧B

017

다음 <조건>이 모두 참이라고 할 때, 논리적으로 항상 참이라고 볼 수 있는 것은?

<조건>
- 눈이 오면 교실이 조용하지 않다.
- 교실이 조용하거나 복도가 깨끗하다.
- 교실이 조용하지 않다.

① 눈이 온다.
② 교실은 조용하다.
③ 복도가 깨끗하다.
④ 눈이 오지 않는다.

• 해제

조건 분석

주어진 조건들을 기호화하면 다음과 같다.

- 눈이 오면 교실이 조용하지 않다. ············· 조건1. 눈→~교실 조용
- 교실이 조용하거나 복도가 깨끗하다. ········ 조건2. 교실 조용∨복도 깨끗 ≡ '~교실 조용→복도 깨끗'
- 교실이 조용하지 않다. ··························· 조건3. ~교실 조용

선택지 해설

1) 조건3에 따라 '~교실 조용'은 확정이다.
2) 1)에 따라 '~교실 조용'이므로 조건2의 동치인 '~교실 조용→복도 깨끗'에 따라 '복도 깨끗'이 확정이다.

확정된 것을 정리해 보면 '~교실 조용, 복도 깨끗'이다. 따라서 정답은 ③번이다.

① 눈이 오는 것은 확인할 수 없다.
② 조건3에 따라 교실은 조용하지 않다.
④ 눈이 오지 않는 것은 확인할 수 없다.

정답 ③

| 1 | ~(부정): A가 아니다 ⇒ ~A
A가 아닌 것은 아니다
⇒ ~(~A) ≡ A |
| 2 | 선언(∨)의 부정:
~(A∨B) ≡ ~A∧~B |
| 3 | 연언(∧)의 부정:
~(A∧B) ≡ ~A∨~B |
| 4 | 선언 기호(∨) 제거:
(A∨B, ~A)→B |
| 5 | 배타적 선언:
A⊕B ≡ (A∨B)∧~(A∧B) |
| 6 | 'A→B'가 거짓 ≡ 'A', '~B' |
| 7 | ~A∨B ≡ A→B |
| 8 | 오직 A일 때에만 B할 수 있다
= B는 A의 충분조건이다
= B→A |
| 9 | 대우 P→Q ≡ ~Q→~P |
| 10 | 모순 P→Q, P→~Q ≡ ~P |
| 11 | 술어 논리:
어떤 A는 B이다 ≡ A∧B |

018
다음 <조건>이 모두 참이라고 할 때, 논리적으로 항상 참이라고 볼 수 없는 것은?

<조건>
- '눈이 오면 교실이 조용하다'라는 말은 거짓이다.
- 교실이 조용하지 않거나 복도가 깨끗하다.
- 눈이 오면 복도가 깨끗하지 않다.

① 교실은 조용하지 않다.
② 눈이 오지 않는다.
③ 복도가 깨끗하지 않다.
④ 교실이 조용하면 복도가 깨끗하다.

• 해제

조건 분석

주어진 조건들을 기호화하면 다음과 같다.

- '눈이 오면 교실이 조용하다'라는 말은 거짓이다. ····· 조건1. 눈, ~교실 조용
- 교실이 조용하지 않거나 복도가 깨끗하다. ····· 조건2. ~교실 조용 ∨ 복도 깨끗 ≡ '교실 조용 → 복도 깨끗'
- 눈이 오면 복도가 깨끗하지 않다. ····· 조건3. 눈 → ~복도 깨끗

선택지 해설

1) 조건1에 따라 '눈, ~교실 조용'은 확정이다.
2) 1)에 따라 '눈'이므로 조건3에 따라 '~복도 깨끗'이다.

확정된 것을 정리해 보면 '눈, ~교실 조용, ~복도 깨끗'이다. 논리적으로 참으로 볼 수 없는 것을 찾는 것이므로 정답은 ②번이다.

① 조건1에 따라 교실은 조용하지 않다.
③ 조건1에 따라 눈이 오고, 조건3에 따라 복도가 깨끗하지 않다.
④ 조건2에 따라 교실이 조용하면 복도가 깨끗하다.

정답 ②

1	~(부정): A가 아니다 ⇒ ~A A가 아닌 것은 아니다 ⇒ ~(~A) ≡ A
2	선언(∨)의 부정: ~(A∨B) ≡ ~A∧~B
3	연언(∧)의 부정: ~(A∧B) ≡ ~A∨~B
4	선언 기호(∨) 제거: (A∨B, ~A)→B
5	배타적 선언: A⊕B ≡ (A∨B)∧~(A∧B)
6	'A→B'가 거짓 ≡ 'A', '~B'
7	~A∨B ≡ A→B
8	오직 A일 때에만 B할 수 있다 ≡ B는 A의 충분조건이다 ≡ B→A
9	대우 P→Q ≡ ~Q→~P
10	모순 P→Q, P→~Q ≡ ~P
11	술어 논리: 어떤 A는 B이다 ≡ A∧B

019
다음 글의 내용이 참일 때, 반드시 참인 것은?

> A아파트에는 이번 인구총조사 대상자들이 거주한다. A아파트 관리소장은 거주민 수지, 우진, 미영, 양미, 가은이 그 대상이 되었는지 궁금했다. 수지에게 수지를 포함한 다른 친구들의 상황을 물어보았는데 수지는 다음과 같이 답변하였다.

- 내가 대상인 것은 아니다.
- 내가 대상이거나 미영이가 대상이다.
- 양미가 대상이면 우진이도 대상이다.
- 미영이가 대상이면 가은이는 대상이 아니다.

① 우진이 대상이다.
② 미영이 대상이다.
③ 가은이가 대상이다.
④ 양미는 대상이 아니다.

• 해제

조건 분석

주어진 조건들을 기호화하면 다음과 같다.

- 내가 대상인 것은 아니다. ········· 조건1. ~수지
- 내가 대상이거나 미영이가 대상이다. ········· 조건2. 수지∨미영 ≡ ~수지→미영
- 양미가 대상이면 우진이도 대상이다. ········· 조건3. 양미→우진
- 미영이가 대상이면 가은이는 대상이 아니다. ········· 조건4. 미영→~가은

선택지 해설

1) 조건1에 따라 '~수지'는 확정이다.
2) 1)에 따라 '~수지'이므로 조건2의 동치인 '~수지→미영'에 따라 '미영'도 확정이다.
3) 2)에 따라 '미영'이 확정이므로 조건4에 따라 '~가은'도 확정이다.

지금까지 확정된 것을 정리하면 '~수지, 미영, ~가은'이다. 따라서 정답은 ②번이다.

① 우진이가 대상인지에 대해서는 알 수 없다.
③ 조건1에 따라 수지는 대상이 아니고, 조건2에 따라 미영이는 대상이다. 조건4에 따라 가은이는 대상이 아니다.
④ 양미가 대상인지에 대해서는 알 수 없다.

정답 ②

1	~(부정): A가 아니다 ⇒ ~A A가 아닌 것은 아니다 ⇒ ~(~A) ≡ A
2	선언(∨)의 부정: ~(A∨B) ≡ ~A∧~B
3	연언(∧)의 부정: ~(A∧B) ≡ ~A∨~B
4	선언 기호(∨) 제거: (A∨B, ~A)→B
5	배타적 선언: A⊕B ≡ (A∨B)∧~(A∧B)
6	'A→B'가 거짓 ≡ 'A', '~B'
7	~A∨B ≡ A→B
8	오직 A일 때에만 B할 수 있다 ≡ B는 A의 충분조건이다 ≡ B→A
9	대우 P→Q ≡ ~Q→~P
10	모순 P→Q, P→~Q ≡ ~P
11	술어 논리: 어떤 A는 B이다 ≡ A∧B

020

다음 글의 내용이 참일 때, 반드시 참인 것은?

A아파트에는 이번 인구총조사 대상자들이 거주한다. A아파트 관리소장은 거주민 수지, 우진, 미영, 양미, 가은이 그 대상이 되었는지 궁금했다. 수지에게 수지를 포함한 다른 친구들의 상황을 물어보았는데 수지는 다음과 같이 답변하였다.

- 미영이가 대상이거나 우진이가 대상이다.
- 양미가 대상이면 우진이도 대상이다.
- 우진이는 대상이 아니다.
- 내가 대상이거나 우진이가 대상이다.
- 우진이가 대상이 아니거나 가은이가 대상이다.

① 우진이 대상이다.
② 미영이 대상이다.
③ 양미는 대상이다.
④ 수지는 대상이 아니다.

• **해제**

**조건
분석**

주어진 조건들을 기호화하면 다음과 같다.

- 미영이가 대상이거나 우진이가 대상이다. ─────── 조건1. 미영∨우진
- 양미가 대상이면 우진이도 대상이다. ─────── 조건2. 양미→우진
- 우진이는 대상이 아니다. ─────── 조건3. ~우진
- 내가 대상이거나 우진이가 대상이다. ─────── 조건4. 수지∨우진
- 우진이가 대상이 아니거나 가은이가 대상이다. ─── 조건5. ~우진∨가은 ≡ 우진→가은

**선택지
해설**

1) 조건3에 따라 '~우진'은 확정이다.
2) 1)에 따라 '~우진'이므로 조건1에 따라 '미영'이 확정이다.
3) 1)에 따라 '~우진'이므로 조건4에 따라 '수지'도 확정이다.

지금까지 확정된 것을 정리하면 '~우진, 수지, 미영'이다. 따라서 정답은 ②번이다.

① 조건3에 따라 우진이는 대상이 아니다.
③ 양미가 대상인지에 대해서는 알 수 없다. (다만, 대우를 사용해 보면 확인이 가능하다. 조건2의 대우는 '~우진→~양미'이다. 조건3에 따라 우진이는 대상이 아니기에 양미도 대상이 아님을 알 수 있다.)
④ 조건3에 따라 우진이는 대상이 아니고, 조건4에 따라 수지는 대상이다.

정답 ②

1	~(부정): A가 아니다 ⇒ ~A A가 아닌 것은 아니다 ⇒ ~(~A) ≡ A
2	선언(∨)의 부정: ~(A∨B) ≡ ~A∧~B
3	연언(∧)의 부정: ~(A∧B) ≡ ~A∨~B
4	선언 기호(∨) 제거: (A∨B, ~A)→B
5	배타적 선언: A⊕B ≡ (A∨B)∧~(A∧B)
6	'A→B'가 거짓 ≡ 'A', '~B'
7	~A∨B ≡ A→B
8	오직 A일 때에만 B할 수 있다 ≡ B는 A의 충분조건이다 ≡ B→A
9	대우 P→Q ≡ ~Q→~P
10	모순 P→Q, P→~Q ≡ ~P
11	술어 논리: 어떤 A는 B이다 ≡ A∧B

021

다음 <조건>이 모두 참이라고 할 때 논리적으로 항상 참이라고 볼 수 있는 것은?

<조건>
- 실내 온도가 적당하면, 집중력이 높아진다.
- 집중력이 높아지지 않거나 에너지가 절약된다.
- 실내 온도가 적당하다.

① 실내 온도가 적당하고 에너지는 절약되지 않는다.
② 집중력이 높아지지 않는다.
③ 에너지가 절약되지 않는다.
④ 집중력이 높아지고 에너지는 절약된다.

• 해제

조건 분석

주어진 조건들을 기호화하면 다음과 같다.

- 실내 온도가 적당하면, 집중력이 높아진다. ········· → 조건1. 실내 온도 적당→집중력 높아짐
- 집중력이 높아지지 않거나 에너지가 절약된다. ····· → 조건2. ~집중력 높아짐∨에너지 절약
- 실내 온도가 적당하다. ···························· → 조건3. 실내 온도 적당

선택지 해설

1) 조건3에 따라 '실내 온도 적당'이 확정이다.
2) 1)에 따라 '실내 온도 적당'이 확정이므로 조건1에 따라 '집중력 높아짐'이 확정이다.
3) 2)에 따라 '집중력 높아짐'이 확정이므로 조건2에서 선언지 제거에 따라 '에너지 절약'이 확정이다.
4) 확정된 것을 정리해 보면 '실내 온도 적당, 집중력 높아짐, 에너지 절약'이므로 ④번이 정답이다.

정답 ④

(5) 필요조건과 충분조건: 'A→B'가 반드시 참일 때 'A는 B의 충분조건, B는 A의 필요조건'이 된다.

필요조건과 충분조건은 명제 간의 관계를 나타내는 개념이다. 명제A가 명제B를 성립시키기 위해 충분할 때 명제A를 명제B의 충분조건이라고 말한다. 이런 상황에서 명제B는 성립되어야 하는 조건이므로 필요조건이라고 말한다. 예를 들어 '(   )이면 철수는 한국인이다'라는 조건문(=가언명제)을 반드시 참이 되게 만든다고 하자. 그럼 빈칸에 '철수는 서울시민', '철수는 대구시민', '철수는 경기도민' 등이 들어가면 된다. 이때 '철수는 서울시민', '철수는 대구시민', '철수는 경기도민' 등은 '철수는 한국인이다'를 성립시키기에 충분한 충분조건이다. 가령 '철수는 서울시민'이면 당연히 '철수는 한국인이다'라고 말할 수 있기 때문이다. 그리고 '철수는 한국인이다'는 '철수는 서울시민이다'의 필요조건이 된다.

또 다른 예를 살펴보자. '전력질주를 하면 숨이 찬다'의 경우 '전력질주를 하다'는 '숨이 찬다'를 성립시키기 위해서 충분한 충분조건이다. 그리고 '숨이 찬다'라는 명제는 '전력질주를 하다'라는 명제의 필요조건이 된다. 그런데 이를 뒤집으면 어떻게 될까? '숨이 찬다면 전력질주를 한 것이다'라는 명제를 살펴보자. '숨이 찬다고' '전력질주를 한 것'은 아니다. 수영을 해서 숨이 찰 수도 있고, 숨을 참았기 때문에 숨이 찰 수도 있다. 따라서 '숨이 차다'는 '전력질주를 한 것이다'를 성립시키기에는 충분치 못하다. 그렇기 때문에 '숨이 차다'는 '전력질주를 한 것이다'의 충분조건이 될 수가 없다.

한편 명제A가 명제B의 충분조건이자 필요조건이 될 때 이 둘을 각각의 필요충분조건이라고 한다. 가령 '나이가 18세 미만이면 미성년자이다'라는 명제를 살펴보자. 명제A인 '나이가 18세 미만이다'는 명제B인 '미성년자이다'라는 명제를 성립시키기에 충분하므로 명제A는 명제B의 충분조건이 된다. 또한 '미성년자이면 나이가 18세 미만이다'도 살펴보자. 명제B인 '미성년자이면'은 명제A인 '나이가 18세 미만이다'를 성립시키기에 충분하다. 따라서 명제A는 명제B의 필요조건이 된다. 즉 명제A는 명제B의 충분조건이기도 하지만 필요조건이기도 하다. 따라서 명제A는 명제B의 필요충분조건이며, 명제B 역시 명제A의 필요충분조건이 된다. 그리고 이런 필요충분조건의 관계를 논리적으로 같은 관계라고 하여 동치라고 말한다.

필요조건과 충분조건에 대한 개념적 설명은 이러하지만 사실 문제를 풀기 위해서는 다음의 내용을 숙지해야 한다.

① A는 B의 충분조건이다 ≡ A가 참이면 B는 항상 참이다 ≡ A→B
　　예 내 차가 잘 달리면(A), 내 차에 연료가 있다(B).

② A는 B의 필요조건이다 ≡ A가 참이 아니면 B도 항상 참이 아니다 ≡ ~A→~B
　　예 내 차에 연료가 없다면(~A), 내 차는 잘 달리지 못한다(~B).

: A가 참이면 B도 반드시 참이라는 의미는 A가 B의 충분조건이라는 말이다. B를 참으로 만들기 위해서 A면 충분하다는 의미이기 때문이다. 반면 A가 참이면 B는 참일 수 있다고 할 때 A가 B의 충분조건이 될 수는 없다. 다시 말하지만 A가 B의 충분조건이라면 A가 참이면 B는 반드시 참이여야 하기 때문이다. 예컨대 '물이 있다면 생존할 수 있다'라고 할 때, '물이 있다'고 '반드시 생존하는 것'은 아니다. 공기가 없거나 식량이 없으면 생존하지 못하기 때문이다.

명제의 대우 관계에 따라서 A가 B의 필요조건일 경우, '~A→~B'가 성립한다. 가령 '생존한다면 물이 있다'고 했을 때, 필요조건의 부정인 '물이 없다면' 충분조건의 부정인 '생존할 수 없다'가 당연히 성립된다. 다만 이에 대한 내용은 뒷장에서 후술하도록 하겠다.

③ 오직 A일 때에만 B한다. ≡ 오직 A일 때에만 B할 수 있다. ≡ B는 A의 충분조건이다 ≡ B→A

'오직 A일 때에만 B한다'를 'A→B'로 이해해서는 안 된다. '오직 A일 때에만 B할 수 있다'라는 말은 'B를 하면 반드시 A가 성립된다'라는 의미이므로 'B→A'로 이해하는 것이 적절하다. 가령 '민수는 밤에만(=오직 A일 때에만) 잠을 잘 수 있다(=B할 수 있다)'라는 명제가 참이라고 하자. 그럼 '민수가 잠을 잔다면(B)' 그때는 '밤이 확실(A)'하다. '밤'이 아닌 '낮'일 때에는 '잠을 자는 것(B)'이 가능하지 않기 때문이다. 즉 B가 참이면 A는 반드시 참이다. 따라서 B는 A의 충분조건이다. 그러나 '밤이 되었다(A)'고 '민수가 잠을 잔다(B)'가 반드시 성립되지는 않는다. 민수가 어떤 날 밤에는 잠을 안 잘 수도 있기 때문이다. 따라서 A가 참이라고 B가 반드시 참이 되는 것은 아니므로 A를 B의 충분조건이라고 할 수 없다. 즉 'A→B'로 표현할 수는 없는 것이다.

※ '민수는 오직 밤에만 잠을 잔다'를 표현해 보면 경우 1뿐만 아니라 경우 2도 의미할 수 있다!

경우 1	1日	2日	3日	4日	5日	민수는 오직 밤에만 잠을 잔다(○)
낮						민수가 잠을 자면 밤이다(○)
밤	잠	잠	잠	잠	잠	밤이 되면 민수가 잠을 잔다(○)

경우 2	1日	2日	3日	4日	5日	민수는 오직 밤에만 잠을 잔다(○)
낮						민수가 잠을 자면 밤이다(○)
밤	잠		잠		잠	밤이 되면 민수가 잠을 잔다(×)

경우 3	1日	2日	3日	4日	5日	민수는 오직 밤에만 잠을 잔다(×)
낮		잠				민수가 잠을 자면 밤이다(×)
밤	잠		잠		잠	밤이 되면 민수가 잠을 잔다(×)

※ **다음 ㄱ~ㅁ에 들어갈 말을 고르시오.**

ㄱ. 남자임은 한국 대통령이 되기 위한 (　　　　)

ㄴ. 산소는 인간이 생존하기 위한 (　　　)이다.

ㄷ. 오직 인사청문회를 거쳐야 국세청장에 임명될 수 있다면 인사청문회는 국세청장이 되기 위한 (　　　　)이다.

ㄹ. 18세 이상임은 선거권을 갖기 위한 (　　　)이다.

ㅁ. '방을 청소하지 않으면 놀러 나갈 수 없다'에서 방을 청소함은 놀러 나가는 (　　　　)이다.

연습문제 정답

ㄱ. 충분, 필요 조건이 아니다.
ㄴ. 필요조건
ㄷ. 필요조건
ㄹ. 필요조건
ㅁ. 필요조건

1	~(부정): A가 아니다 ⇒ ~A A가 아닌 것은 아니다 ⇒ ~(~A) ≡ A
2	선언(∨)의 부정: ~(A∨B) ≡ ~A∧~B
3	연언(∧)의 부정: ~(A∧B) ≡ ~A∨~B
4	선언 기호(∨) 제거: (A∨B, ~A)→B
5	배타적 선언: A⊕B ≡ (A∨B)∧~(A∧B)
6	'A→B'가 거짓 ≡ 'A', '~B'
7	~A∨B ≡ A→B
8	오직 A일 때에만 B할 수 있다 ≡ B는 A의 충분조건이다 ≡ B→A
9	대우 P→Q ≡ ~Q→~P
10	모순 P→Q, P→~Q ≡ ~P
11	술어 논리: 어떤 A는 B이다 ≡ A∧B

022

다음 빈칸에 들어갈 말로 가장 적절한 것은?

> "사랑하는 사람만이 행복을 느낄 수 있다." 여기서 "사랑하는 사람"은 "행복을 느낄 수 있다"의 (   ) 조건이다.

023

다음 <조건>에 따를 때, ㄱ~ㄷ 중 반드시 참인 것만을 모두 고르면?

> <조건>
> • 가영이는 회의가 없는 날 아침에만 커피를 마신다.
> • 오늘 아침에는 가영이가 커피를 마셨다.
> • 다음 날 아침에 회의가 있으면 나리는 야근을 한다.
> • 오늘 아침에는 비가 내렸다.

> <보기>
> ㄱ. 회의가 없는 날에만 비가 내린다.
> ㄴ. 나리는 어제 야근을 했다.
> ㄷ. 오늘은 회의가 없다.

① ㄱ
② ㄴ
③ ㄷ
④ ㄱ, ㄷ

• 해제

[정답] 필요
[해설] "행복을 느낄 수 있다면" "반드시 사랑하는 사람"이기 때문이다.

• 해제

조건 분석

주어진 조건들을 기호화하면 다음과 같다.

- 가영이는 회의가 없는 날 아침에만 커피를 마신다. ············· 조건1. 가영 커피→~회의
- 오늘 아침에는 가영이가 커피를 마셨다. ························ 조건2. 가영 커피
- 다음 날 아침에 회의가 있으면 나리는 야근을 한다. ·············· 조건3. 다음 날 회의→나리 야근
- 오늘 아침에는 비가 내렸다. ····································· 조건4. 오늘 비

선택지 해설

1) 조건2에 따라 '가영 커피'는 확정이다.
2) 1)에 따라 '가영 커피'이므로 조건1에 따라 '~회의'가 확정이다.

이상의 확정된 사항들을 바탕으로 ㄱ~ㄷ을 살펴보자.

ㄱ: 조건4에 따라 '오늘 비'이며 2)에 따라 '~회의'이므로 '오늘은 회의가 없는데, 비'가 내렸다. 그러나 회의가 없는 날에만 비가 내린다는 보장은 없다.
ㄴ: 2)에 따라 '~회의'이므로 조건3을 적용하긴 어렵다. 따라서 어제 나리가 야근을 했는지는 알 수 없다.
ㄷ: 2)에 따라 '~회의'이므로 ㄷ은 적절하다.

정답 ㉢

4 적절한 논리와 적절하지 않은 논리

(1) 대우 P→Q ≡ ~Q→~P

대우란 조건문에서 전건과 후건의 위치를 바꾼 후 각각 부정시킨 것을 말한다. 가령 'P→Q'의 대우는 '~Q→~P'이다. 특정 명제의 대우는 명제와 진리치가 동일하다. 그렇기 때문에 논리학에서 대우는 매우 중요하다. 가령 '군인은 사람이다'라는 명제의 대우는 '사람이 아니면 군인이 아니다'가 되는데, '군인은 사람이다'가 참일 경우 그 명제의 대우인 '사람이 아니면 군인이 아니다'도 참이 된다.

명제와 그 명제의 대우에 대해서는 벤다이어그램으로도 설명할 수 있다. 가령 '변호사라면 사시에 합격했다'라는 명제는 참이다. 그런데 이 명제의 전건과 후건의 순서를 바꾼 역은 어떨까? '사시에 합격했다면 변호사이다'라는 명제는 참일까? 그렇지 않다. 사시에 합격했지만 변호사가 아닌 검사, 판사가 있기 때문이다. 이를 벤다이어그램으로 표현하면 다음과 같다.

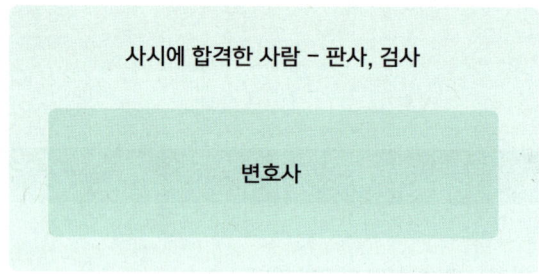

위의 벤다이어그램에서 변호사라는 집합 안에는 사시에 합격하지 않은 사람이 한 명도 없기 때문에 변호사면 반드시 사시에 합격한 사람이다. 그러나 사시에 합격한 사람은 변호사 외에 판사, 검사도 있기 때문에 사시에 합격했다고 반드시 변호사가 되는 것이 아니다.

반면 명제의 대우는 역과 달리 명제의 진리치와 동일하다. 앞서 제시한 명제 '변호사라면 사시에 합격했다'의 대우는 '사시에 합격하지 않았다면 변호사가 아니다'가 된다. 이를 벤다이어그램으로 설명하면 다음과 같다.

'사시에 합격하지 않으면' '변호사가 아닐 뿐'만 아니라 '판사, 검사'도 될 수 없다. 정리하자면 특정 명제가 참이라면 그 명제의 대우는 반드시 참이 되는 것이다.

※ **다음 명제의 대우를 쓰시오.**

(1) 내일 날이 좋으면 소풍을 갈 것이다.

(2) A→B

(3) A→B∧C

(4) A∨B→C

(5) A∧B→C∨D

연습문제 정답

(1) 내일 소풍을 가지 않는다면 날이 좋지 않을 것이다.

(2) ~B→~A

(3) ~(B∧C)→~A ≡ ~B∨~C→~A

(4) ~C→~(A∨B) ≡ ~C→~A∧~B

(5) ~(C∨D)→~(A∧B) ≡ ~C∧~D→~A∨~B

| 1 | ~(부정): A가 아니다 ⇒ ~A
A가 아닌 것은 아니다
⇒ ~(~A) ≡ A |
| 2 | 선언(∨)의 부정:
~(A∨B) ≡ ~A∧~B |
| 3 | 연언(∧)의 부정:
~(A∧B) ≡ ~A∨~B |
| 4 | 선언 기호(∨) 제거:
(A∨B, ~A)→B |
| 5 | 배타적 선언:
A⊕B ≡ (A∨B)∧~(A∧B) |
| 6 | 'A→B'가 거짓 ≡ 'A', '~B' |
| 7 | ~A∨B ≡ A→B |
| 8 | 오직 A일 때에만 B할 수 있다
= B는 A의 충분조건이다
= B→A |
| 9 | 대우 P→Q ≡ ~Q→~P |
| 10 | 모순 P→Q, P→~Q ≡ ~P |
| 11 | 술어 논리:
어떤 A는 B이다 ≡ A∧B |

024

다음 글의 내용이 참일 때, 반드시 참인 것은?

> 지혜로운 사람은 정열을 갖지 않는다. 정열을 가진 사람은 고통을 피할 수 없다. 정열을 가진 사람은 행복하지 않다. 지혜롭지 않은 사람은 고통을 피하려고 한다. 그러나 지혜로운 사람만이 고통을 피할 수 있다.

① 지혜로운 사람은 행복하다.
② 지혜로운 사람은 고통스럽지 않다.
③ 지혜롭지 않은 사람은 정열적이다.
④ 지혜롭지 않은 사람은 고통을 피할 수 없다.

• **해제**

조건 분석

주어진 조건들을 기호화하면 다음과 같다.

- 지혜로운 사람은 정열을 갖지 않는다. ··············· 조건1. 지혜→~정열
- 정열을 가진 사람은 고통을 피할 수 없다. ··········· 조건2. 정열→고통 ≡ ~고통→~정열
- 정열을 가진 사람은 행복하지 않다. ················· 조건3. 정열→~행복 ≡ 행복→~정열
- 지혜롭지 않은 사람은 고통을 피하려고 한다. ······· 조건4. ~지혜→고통 회피 원함
- 지혜로운 사람만이 고통을 피할 수 있다. ··········· 조건5. ~고통→지혜

선택지 해설

조건5는 '지혜로운 사람만이 고통을 피할 수 있다'를 변형한 것이다. 이 말은 지혜로운 사람이라고 고통을 다 피한다는 의미가 아니다. 즉 '지혜→~고통'이 아니다. 지혜로운 사람 중에서 고통을 피할 수도 있고, 피하지 않을 수도 있다는 의미이다. 다만 지혜로운 사람만이 고통을 피할 수도 있으므로, 확실한 것은 고통을 피한다면 그 사람은 지혜로운 것이다. 따라서 '~고통→지혜'라고 표현해야 한다.

지혜로운 사람만이 고통을 피할 수 있으므로, 나머지 지혜롭지 않은 사람은 고통을 피할 수가 없으므로 ④번이 정답이다.

① 조건1에 따라 지혜로우면 정열적이지 않은 것만 알 수 있다. 지혜로운 사람이 행복한지는 알 수 없다.
② 지혜로운 사람과 고통과의 상관관계는 알 수 없다.
③ 조건4에 따라 지혜롭지 않은 사람은 고통을 피하고자 한다. 그러나 정열적인지는 알 수 없다.

정답 ④

1	~(부정): A가 아니다 ⇒ ~A A가 아닌 것은 아니다 ⇒ ~(~A) ≡ A
2	선언(∨)의 부정: ~(A∨B) ≡ ~A∧~B
3	연언(∧)의 부정: ~(A∧B) ≡ ~A∨~B
4	선언 기호(∨) 제거: (A∨B, ~A)→B
5	배타적 선언: A⊕B ≡ (A∨B)∧~(A∧B)
6	'A→B'가 거짓 ≡ 'A', '~B'
7	~A∨B ≡ A→B
8	오직 A일 때에만 B할 수 있다 ≡ B는 A의 충분조건이다 ≡ B→A
9	대우 P→Q ≡ ~Q→~P
10	모순 P→Q, P→~Q ≡ ~P
11	술어 논리: 어떤 A는 B이다 ≡ A∧B

025
다음 <조건>이 모두 참이라고 할 때, 논리적으로 항상 참이라고 볼 수 없는 것은?

<조건>
- 눈이 오면 교실이 조용하다.
- 교실이 조용하거나 복도가 깨끗하다.
- 교실이 조용하지 않다.

① 교실은 조용하지 않다.
② 눈이 오지 않는다.
③ 복도가 깨끗하지 않다.
④ 교실이 조용하지 않으면 복도가 깨끗하다.

• 해제

조건 분석

주어진 조건들을 기호화하면 다음과 같다.

- 눈이 오면 교실이 조용하다. ················· 조건1. 눈→교실 조용 ≡ ~교실 조용→~눈
- 교실이 조용하거나 복도가 깨끗하다. ········· 조건2. 교실 조용∨복도 깨끗 ≡ '~교실 조용→복도 깨끗'
- 교실이 조용하지 않다. ····················· 조건3. ~교실 조용

선택지 해설

1) 조건3에 따라 '~교실 조용'은 확정이다.
2) 1)에 따라 '~교실 조용'이므로 조건1의 대우인 '~교실 조용→~눈'에 따라 '~눈'도 확정이다.
3) 조건2인 '교실 조용∨복도 깨끗'은 '~(~교실 조용)∨복도 깨끗'이므로 조건문으로 바꾸면 '~교실 조용→복도 깨끗'이 된다.
4) 1)에 따라 '~교실 조용'이므로 조건2의 동치인 '~교실 조용→복도 깨끗'에 따라 '복도 깨끗'이 확정된다.

확정된 것을 정리하면 '~교실 조용, ~눈, 복도 깨끗'이므로 정답은 ③번이다.

① 조건3에 따라 교실은 조용하지 않다.
② 조건3에 따라 교실은 조용하지 않고, 조건1의 대우에 따라 눈이 오지 않는다.
④ 조건2를 조건문으로 바꾸면 '~교실 조용→복도 깨끗'이 되고, 조건3에 따라 교실은 조용하지 않다. 따라서 복도는 깨끗하다.

정답 ⑤

| 1 | ~(부정): A가 아니다 ⇒ ~A
A가 아닌 것은 아니다
⇒ ~(~A) ≡ A |
| 2 | 선언(∨)의 부정:
~(A∨B) ≡ ~A∧~B |
| 3 | 연언(∧)의 부정:
~(A∧B) ≡ ~A∨~B |
| 4 | 선언 기호(∨) 제거:
(A∨B, ~A)→B |
| 5 | 배타적 선언:
A⊕B ≡ (A∨B)∧~(A∧B) |
| 6 | 'A→B'가 거짓 ≡ 'A', '~B' |
| 7 | ~A∨B ≡ A→B |
| 8 | 오직 A일 때에만 B할 수 있다
≡ B는 A의 충분조건이다
≡ B→A |
| 9 | 대우 P→Q ≡ ~Q→~P |
| 10 | 모순 P→Q, P→~Q ≡ ~P |
| 11 | 술어 논리:
어떤 A는 B이다 ≡ A∧B |

026
다음 글의 내용이 참일 때, 반드시 참인 것은?

A아파트에는 이번 인구총조사 대상자들이 거주한다. A아파트 관리소장은 거주민 수지, 우진, 미영, 양미, 가은이 그 대상이 되었는지 궁금했다. 수지에게 수지를 포함한 다른 친구들의 상황을 물어보았는데 수지는 다음과 같이 답변하였다.

- 내가 대상인 것은 아니다.
- 미영이 대상이 아니거나 내가 대상이다.
- 우진이 대상인 경우에만 양미 또한 대상이다.
- 가은이 대상이면, 미영도 대상이다.

① 우진이 대상이다.
② 미영이 대상이다.
③ 양미는 대상이 아니다.
④ 가은이가 대상이 아니다.

• 해제

조건 분석

주어진 조건들을 기호화하면 다음과 같다.

- 내가 대상인 것은 아니다. ·· 조건1. ~수지
- 미영이 대상이 아니거나 내가 대상이다. ················ 조건2. ~미영∨수지 ≡ 미영→수지
  ≡ ~수지→~미영
- 우진이 대상인 경우에만 양미 또한 대상이다. ········ 조건3. 양미→우진
- 가은이 대상이면, 미영도 대상이다. ·························· 조건4. 가은→미영 ≡ ~미영→~가은

선택지 해설

1) 조건1에 따라 '~수지'는 확정이다.
2) 조건2의 '~미영∨수지'를 조건문으로 바꾸면 '미영→수지'가 된다. 그리고 이 명제의 대우는 '~수지→~미영'이다.
3) 조건1에 따라 '~수지'는 확정이며, 2)에 따라 '~수지→~미영'이므로 '~미영' 역시 확정이다.
4) 조건4의 대우인 '~미영→~가은'에 따라 '~가은'도 확정이다.

확정된 것을 정리하면 '~수지, ~미영, ~가은'이므로 정답은 ④번이다.

① 우진이가 대상인지는 알 수 없다.
② 조건1에 따라 수지는 대상이 아니고, 조건2 조건문의 대우에 따라 미영이는 대상이 아니다.
③ 양미가 대상이 아닌지는 알 수 없다.

정답 ④

| 1 | ~(부정): A가 아니다 ⇒ ~A
A가 아닌 것은 아니다
⇒ ~(~A) ≡ A
| 2 | 선언(∨)의 부정:
~(A∨B) ≡ ~A∧~B
| 3 | 연언(∧)의 부정:
~(A∧B) ≡ ~A∨~B
| 4 | 선언 기호(∨) 제거:
(A∨B, ~A)→B
| 5 | 배타적 선언:
A⊕B ≡ (A∨B)∧~(A∧B)
| 6 | 'A→B'가 거짓 ≡ 'A', '~B'
| 7 | ~A∨B ≡ A→B
| 8 | 오직 A일 때에만 B할 수 있다
≡ B는 A의 충분조건이다
≡ B→A
| 9 | 대우 P→Q ≡ ~Q→~P
| 10 | 모순 P→Q, P→~Q ≡ ~P
| 11 | 술어 논리:
어떤 A는 B이다 ≡ A∧B

027

다음 진술이 모두 참일 때 반드시 참인 것은?

- A가 회의에 참석하면, B도 참석한다.
- A가 참석하면, C도 참석한다.
- D가 참석하면, B도 참석한다.
- C가 참석하지 않으면, B도 참석하지 않는다.

① A가 참석하면 D도 참석한다.
② A가 참석하지 않으면 B도 참석하지 않는다.
③ C가 참석하면 A와 B도 참석한다.
④ D가 참석하면 C도 참석한다.

• 해제

조건 분석

주어진 조건들을 기호화하면 다음과 같다.

- A가 회의에 참석하면, B도 참석한다. ············ 조건1. A→B ≡ ~B→~A
- A가 참석하면, C도 참석한다. ······················ 조건2. A→C ≡ ~C→~A
- D가 참석하면, B도 참석한다. ······················ 조건3. D→B ≡ ~B→~D
- C가 참석하지 않으면, B도 참석하지 않는다. ·· 조건4. ~C→~B ≡ B→C

선택지 해설

① 선택지에 따라 'A'는 확정이다.
1) 'A'이므로 조건1에 따라 'B'도 확정이다.
2) 1)에 따라 'B'가 확정이므로 조건4의 대우인 'B→C'에 따라 'C'도 확정이다.
3) 확정된 것은 'A, B, C'이며, 'D'에 대해서는 판단할 수 없으므로 ①번은 적절하지 않다.

② 선택지에 따라 '~A'는 확정이다.
1) '~A'와 관련된 조건은 없으므로 'B'에 대해서는 판단할 수 없다. 따라서 ②번도 적절하지 않다.

③ 선택지에 따라 'C'는 확정이다.
1) 'C'와 관련된 조건은 없으므로 'A, B'에 대해 판단할 수 없다. 따라서 ③번도 적절하지 않다.

④ 선택지에 따라 'D'는 확정이다.
1) 'D'이므로 조건3에 따라 'B'도 확정이다.
2) 1)에 따라 'B'이므로 조건4의 대우인 'B→C'에 따라 'C'도 확정이다.
3) 즉 'D'가 참석하면 'C'도 참석하므로 ④번은 반드시 참이다.

정답 ④

1	~(부정): A가 아니다 ⇒ ~A A가 아닌 것은 아니다 ⇒ ~(~A) ≡ A
2	선언(∨)의 부정: ~(A∨B) ≡ ~A∧~B
3	연언(∧)의 부정: ~(A∧B) ≡ ~A∨~B
4	선언 기호(∨) 제거: (A∨B, ~A)→B
5	배타적 선언: A⊕B ≡ (A∨B)∧~(A∧B)
6	'A→B'가 거짓 ≡ 'A', '~B'
7	~A∨B ≡ A→B
8	오직 A일 때에만 B할 수 있다 ≡ B는 A의 충분조건이다 ≡ B→A
9	대우 P→Q ≡ ~Q→~P
10	모순 P→Q, P→~Q ≡ ~P
11	술어 논리: 어떤 A는 B이다 ≡ A∧B

028

다음의 <조건> 중 ㄱ~ㄷ이 모두 참이고 ㄹ이 거짓이라고 할 때, 논리적으로 항상 참인 것은?

<조건>
ㄱ. 공연장 소리가 울리지 않으면, 악단의 연주가 훌륭하다.
ㄴ. 피아니스트가 어리면 공연장의 소리가 울린다는 것은 사실이 아니다.
ㄷ. 암표상이 많으면, 주차장이 만원이다.
ㄹ. 주차장이 만원이다.

① 암표상은 많다.
② 공연장 소리는 울린다.
③ 악단의 연주는 훌륭하다.
④ 피아니스트는 어리지 않다.

• 해제

조건 분석

주어진 조건들을 기호화하면 다음과 같다.

- 공연장 소리가 울리지 않으면, 악단의 연주가 훌륭하다. ········· 조건1. ~공연장 소리→악단의 연주 훌륭
- 피아니스트가 어리면 공연장의 소리가 울린다는 것은 사실이 아니다. ····· 조건2. ~(피아니스트 어림→공연장 소리)
  ≡ 피아니스트 어림 ∧ ~공연장 소리
- 암표상이 많으면, 주차장이 만원이다. ···················· 조건3. 암표상 많음→주차장 만원 ≡
  ~주차장 만원→~암표상 많음
- 주차장이 만원이다. ······························· 조건4. ~주차장 만원

선택지 해설

1) 조건2는 '피아니스트가 어리면 공연장 소리가 울린다'가 거짓이므로 '~(피아니스트 어림→공연장 소리)'로 표현한다. 그리고 '~(피아니스트 어림→공연장 소리)'는 '피아니스트 어림→공연장 소리'라는 조건문이 거짓이라는 의미이며, 조건문이 거짓이 되려면 전건은 긍정, 후건은 부정이 되어야 하므로 '피아니스트 어림 ∧ ~공연장 소리'로 변환할 수 있다.
2) 1)에 따라 '~공연장 소리'이므로 조건1에 따라 '악단의 연주 훌륭'은 확정이다.
3) 'ㄹ'은 거짓이므로 조건4에 따라 '~주차장 만원'이 확정이다.
4) 3)에 따라 '~주차장 만원'이므로 조건3의 대우에 따라 '~암표상 많음'이 확정이다.

지금까지 확정된 것을 나열해 보면 '피아니스트 어림, ~공연장 소리, 악단의 연주 훌륭, ~주차장 만원, ~암표상 많음'이므로 정답은 ③번이다.

① 조건4에 따라 주차장은 만원이 아니고, 조건3의 대우에 따라 암표상은 많지 않다.
② 조건2에 따라 공연장 소리는 울리지 않는다.
④ 조건2에 따라 피아니스트는 어리다.

정답 ③

1	~(부정): A가 아니다 ⇒ ~A A가 아닌 것은 아니다 ⇒ ~(~A) ≡ A
2	선언(∨)의 부정: ~(A∨B) ≡ ~A∧~B
3	연언(∧)의 부정: ~(A∧B) ≡ ~A∨~B
4	선언 기호(∨) 제거: (A∨B, ~A)→B
5	배타적 선언: A⊕B ≡ (A∨B)∧~(A∧B)
6	'A→B'가 거짓 ≡ 'A', '~B'
7	~A∨B ≡ A→B
8	오직 A일 때에만 B할 수 있다 ≡ B는 A의 충분조건이다 ≡ B→A
9	대우 P→Q ≡ ~Q→~P
10	모순 P→Q, P→~Q ≡ ~P
11	술어 논리: 어떤 A는 B이다 ≡ A∧B

029

다음 글의 내용이 모두 참일 때, 반드시 참인 것은?

> 대위원회에는 A, B, C, D, E 다섯 명의 위원이 있다. 이 중 3명 이상의 찬성으로 의제가 결정된다. 3명 이상의 찬성을 얻을 수 없다면 의제는 결정되지 않는다. 의제에 대한 태도는 찬성 아니면 반대밖에 없다. 각 위원의 입장은 다음과 같다.

- A는 찬성하지 않는다.
- B가 찬성하면 A나 D도 찬성한다.
- C가 찬성하면 A도 찬성한다.
- D가 찬성한다면 B, E도 찬성한다.

① B가 찬성하면 의제는 결정된다.
② B가 찬성하면 C도 찬성한다.
③ D가 찬성해도 의제가 결정되지 않을 수 있다.
④ E가 찬성하면 의제가 결정된다.

• 해제

조건 분석

주어진 조건들을 기호화하면 다음과 같다.

- A는 찬성하지 않는다. ·········· 조건1. ~A
- B가 찬성하면 A나 D도 찬성한다. ·········· 조건2. B→A∨D ⇒ B→D
- C가 찬성하면 A도 찬성한다. ·········· 조건3. C→A ≡ ~A→~C
- D가 찬성한다면 B, E도 찬성한다. ·········· 조건4. D→B, E

선택지 해설

1) 조건1에 따라 '~A'는 확정이다.
2) 1)에 따라 '~A'이므로 조건2는 'B→D'로 변환된다.
3) 1)에 따라 '~A'이며, 조건3의 대우인 '~A→~C'에 따라 '~C'도 확정이다.

이 상태에서 ①~④를 살펴보자.

① 'B'가 확정되면 조건2에 따라 'D'도 확정이다. 'D'가 확정이면 조건4에 따라 'E'도 확정이다. 'B, D, E'가 모두 찬성하게 되므로 의제는 결정된다.
② 3)에 따라 '~C'가 확정되었으므로 C는 찬성할 수 없다.
③ D가 찬성하면 조건4에 따라 B, E가 찬성하므로 의제는 결정된다.
④ E가 찬성한다고 해도 B, D가 참석한다는 보장이 없다. 따라서 의제가 결정된다고 확답할 수 없다.

정답 ①

1	~(부정): A가 아니다 ⇒ ~A A가 아닌 것은 아니다 ⇒ ~(~A) ≡ A
2	선언(∨)의 부정: ~(A∨B) ≡ ~A∧~B
3	연언(∧)의 부정: ~(A∧B) ≡ ~A∨~B
4	선언 기호(∨) 제거: (A∨B, ~A)→B
5	배타적 선언: A⊕B ≡ (A∨B)∧~(A∧B)
6	'A→B'가 거짓 ≡ 'A', '~B'
7	~A∨B ≡ A→B
8	오직 A일 때에만 B할 수 있다 ≡ B는 A의 충분조건이다 ≡ B→A
9	대우 P→Q ≡ ~Q→~P
10	모순 P→Q, P→~Q ≡ ~P
11	술어 논리: 어떤 A는 B이다 ≡ A∧B

(2) 모순 P→Q, P→~Q ≡ ~P

모순이란 동시에 참이거나 동시에 거짓일 수 없는 명제간의 관계를 뜻한다. 가령 '철수는 사람이다'와 '철수는 사람이 아니다'는 동시에 참이 될 수 없으며, 동시에 거짓이 될 수 없다. 따라서 이 두 명제는 모순 관계에 있다. 모순 관계에 있는 두 명제의 경우, 하나가 참이면 다른 하나는 반드시 거짓이고, 하나가 거짓이면 다른 하나는 반드시 참이 된다. 이를 배중률이라고 한다.

배중률이란 중간을 배척한다는 의미이다. 사실 승패의 경우 '이기다, 지다'와 그 중간항은 '비기다'가 있다. 이럴 경우에는 배중률이 성립되지 않는다. 중간항이 존재하기 때문이다. 그렇기에 '이기다'가 거짓이라고 '지다'가 참이라고 말할 수는 없다. '비기다'가 존재하기 때문이다. '이기다-지다'처럼 중간항이 있는 경우에는 모순 관계가 성립되지 않는다. '이기다'와 '지다'의 경우에는 동시에 참일 수는 없어도 '비기다'의 경우에는 동시에 거짓일 수 있기 때문이다. 그러나 'A는 사람이다'와 'A는 사람이 아니다'의 경우에는 중간항이 존재할 수 없다. 따라서 이 두 명제는 모순 관계이며, 한쪽이 거짓이면 반대쪽은 참이 되고, 한쪽이 참이면 반대쪽은 거짓이 되는 배중률이 성립한다.

논리 퀴즈에서 모순을 활용하는 방법은 간단한다. 가령 'A→B'와 'A→~B'처럼 모순 관계에 있는 두 명제가 있다고 하자. 이럴 경우 'A'가 참으로 확정되면 모순이 발생하므로 'A'는 참이 되어서는 안 된다. 'A'가 참이 아니라면 배중률에 의해 '~A'가 참이 된다. 따라서 '~A'를 확정지으면 된다. 다음 문제를 풀어 보자.

030

A, B, C, D, E 다섯 사람으로 구성된 부서에서 주말 당직을 정하는데 다음의 조건을 모두 지켜야 한다. 당직을 맡을 수 있는 사람을 바르게 짝지은 것은?

- A가 당직을 하면 B도 당직을 한다.
- C나 D가 당직을 하지 않으면 A가 당직을 한다.
- E가 당직을 하면 D도 당직을 한다.
- D가 당직을 하면 E는 당직을 하지 않는다.
- E가 당직을 하지 않으면 D도 당직을 하지 않는다.

① A, B
② A, E
③ B, D
④ C, E

• 해제

조건 분석

주어진 조건들을 기호화하면 다음과 같다.

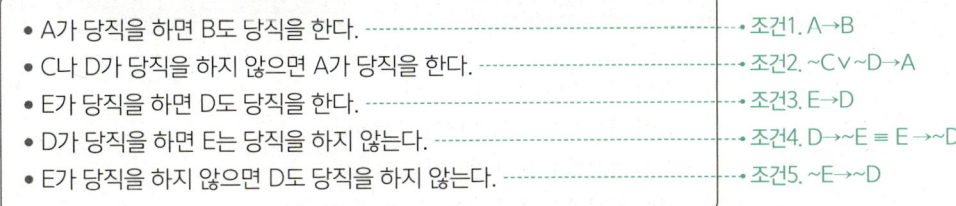

- A가 당직을 하면 B도 당직을 한다. ·········· 조건1. A→B
- C나 D가 당직을 하지 않으면 A가 당직을 한다. ·········· 조건2. ~C∨~D→A
- E가 당직을 하면 D도 당직을 한다. ·········· 조건3. E→D
- D가 당직을 하면 E는 당직을 하지 않는다. ·········· 조건4. D→~E ≡ E→~D
- E가 당직을 하지 않으면 D도 당직을 하지 않는다. ·········· 조건5. ~E→~D

선택지 해설

1) 조건3인 'E→D'와 조건4의 대우인 'E →~D'는 모순이다. 따라서 'E'는 당직을 해서는 안 된다. 즉 '~E'가 확정이다.
2) 1)에 따라 '~E'이므로 조건5에 따라 '~D'도 확정이다.
3) 2)에 따라 '~D'이므로 조건2에 따라 'A'는 확정이다.
4) 3)에 따라 'A'이므로 조건1에 따라 'B'는 확정이다.

확정된 것을 정리해 보면
'A, B, ~D, ~E'이므로 정답은 ①번이다.

② 조건3과 조건4의 대우가 모순이므로 E는 당직을 하지 않는다.
③ 조건4와 조건5의 대우가 모순이므로 D는 당직을 하지 않는다.
④ 조건3과 조건4의 대우가 모순이므로 E는 당직을 하지 않는다.

정답 ①

1	~(부정): A가 아니다 ⇒ ~A A가 아닌 것은 아니다 ⇒ ~(~A) ≡ A
2	선언(∨)의 부정: ~(A∨B) ≡ ~A∧~B
3	연언(∧)의 부정: ~(A∧B) ≡ ~A∨~B
4	선언 기호(∨) 제거: (A∨B, ~A)→B
5	배타적 선언: A⊕B ≡ (A∨B)∧~(A∧B)
6	'A→B'가 거짓 ≡ 'A', '~B'
7	~A∨B ≡ A→B
8	오직 A일 때에만 B할 수 있다 ≡ B는 A의 충분조건이다 ≡ B→A
9	대우 P→Q ≡ ~Q→~P
10	모순 P→Q, P→~Q ≡ ~P
11	술어 논리: 어떤 A는 B이다 ≡ A∧B

031

다음 진술들이 참일 때, 회의에 참석하는 사람은?

> 주무관인 '갑, 을, 병, 정'은 관련 기관 회의에 참석해야 한다. 그러나 모두가 참여하는 것은 아니고 다음의 조건에 따라서 회의에 참석하는 사람이 결정된다.

- 갑이 참석하면 을이 참석한다.
- 갑이 참석하지 않으면 병이 참석한다.
- 갑이 참석하면 을이 참석하지 않는다.
- 병이 참석하면 을과 정이 참석하지 않는다.

① 갑
② 갑, 을
③ 을, 정
④ 병

• 해제

조건 분석

주어진 조건들을 기호화하면 다음과 같다.

- 갑이 참석하면 을이 참석한다. ·················· 조건1. 갑→을
- 갑이 참석하지 않으면 병이 참석한다. ·········· 조건2. ~갑→병
- 갑이 참석하면 을이 참석하지 않는다. ·········· 조건3. 갑→~을
- 병이 참석하면 을과 정이 참석하지 않는다. ···· 조건4. 병→~을∧~정

선택지 해설

1) 조건1과 조건3은 모순이므로 '갑'은 거짓이다. 따라서 '~갑'이다.
2) 1)에 따라 '~갑'이므로 조건2에 따라 '병'이 확정된다.
3) 2)에 따라 '병'이므로 조건4에 따라 '~을∧~정'이 확정된다.

확정된 것들을 정리하면 다음과 같다.
'~갑, ~을, 병, ~정'
따라서 회의에 참석하는 사람은 '병'뿐이다. 따라서 정답은 ④번이다.

① 조건1과 조건3이 모순이므로 갑은 회의에 참석하지 않는다.
② 조건1과 조건3이 모순이므로 갑은 회의에 참석하지 않는다.
③ 조건1과 조건3이 모순이므로 갑은 회의에 참석하지 않고, 조건2에 따라 병은 회의에 참석한다. 조건4에 따라 을과 정은 회의에 참석하지 않는다.

정답 ④

1	~(부정): A가 아니다 ⇒ ~A A가 아닌 것은 아니다 ⇒ ~(~A) ≡ A
2	선언(∨)의 부정: ~(A∨B) ≡ ~A∧~B
3	연언(∧)의 부정: ~(A∧B) ≡ ~A∨~B
4	선언 기호(∨) 제거: (A∨B, ~A)→B
5	배타적 선언: A⊕B ≡ (A∨B)∧~(A∧B)
6	'A→B'가 거짓 ≡ 'A', '~B'
7	~A∨B ≡ A→B
8	오직 A일 때에만 B할 수 있다 ≡ B는 A의 충분조건이다 ≡ B→A
9	대우 P→Q ≡ ~Q→~P
10	모순 P→Q, P→~Q ≡ ~P
11	술어 논리: 어떤 A는 B이다 ≡ A∧B

032
다음의 진술이 모두 참일 때 반드시 참인 것은?

- 오 주무관이 회의에 참석하면 박 주무관도 참석한다.
- 오 주무관이 회의에 참석하면 이 주무관도 회의에 참석한다.
- 오 주무관이 회의에 참석하거나 이 주무관이 회의에 참석할 것이다.
- 이 주무관이 회의에 참석하면 박 주무관도 참석한다.

① 오 주무관은 회의에 참석한다.
② 박 주무관은 회의에 참석하지 않는다.
③ 이 주무관은 회의에 참석한다.
④ 오 주무관은 회의에 참석하지 않는다.

• 해제

조건 분석

주어진 조건들을 기호화하면 다음과 같다.

- 오 주무관이 회의에 참석하면 박 주무관도 참석한다. ········· 조건1. 오→박
- 오 주무관이 회의에 참석하면 이 주무관도 회의에 참석한다. ········· 조건2. 오→이 ≡ ~이→~오
- 오 주무관이 회의에 참석하거나 이 주무관이 회의에 참석할 것이다. ········· 조건3. 오∨이 ≡ ~오→이 ≡ ~이→오
- 이 주무관이 회의에 참석하면 박 주무관도 참석한다. ········· 조건4. 이→박

선택지 해설

1) 조건3은 '오∨이'인데, 이를 조건문으로 변형하면 '~(~오)∨이≡~오→이'가 된다. '~오→이'의 대우는 '~이→오'이다.
2) 1)에 따라 '~이→오'이고, 조건2의 대우는 '~이→~오'이므로 '~이'면 모순이 발생한다. 따라서 '이'가 확정된다.
3) 2)에 따라 '이'이므로 조건4에 따라 '박'도 확정된다.

확정된 것을 정리하면 '이, 박'이므로 정답은 ③번이다.

① 오 주무관이 회의에 참석하는지는 알 수 없다.
② 조건3의 조건문의 대우와 조건2의 대우는 모순으로 이 주무관은 회의에 참석하고, 조건4에 따라 박 주무관도 회의에 참석한다.
④ 오 주무관이 회의에 참석하지 않는지는 알 수 없다.

정답 ③

| 1 | ~(부정): A가 아니다 ⇒ ~A
A가 아닌 것은 아니다
⇒ ~(~A) ≡ A |
| 2 | 선언(∨)의 부정:
~(A∨B) ≡ ~A∧~B |
| 3 | 연언(∧)의 부정:
~(A∧B) ≡ ~A∨~B |
| 4 | 선언 기호(∨) 제거:
(A∨B, ~A)→B |
| 5 | 배타적 선언:
A⊕B ≡ (A∨B)∧~(A∧B) |
| 6 | 'A→B'가 거짓 ≡ 'A', '~B' |
| 7 | ~A∨B ≡ A→B |
| 8 | 오직 A일 때에만 B할 수 있다
= B는 A의 충분조건이다
= B→A |
| 9 | 대우 P→Q ≡ ~Q→~P |
| 10 | 모순 P→Q, P→~Q ≡ ~P |
| 11 | 술어 논리:
어떤 A는 B이다 ≡ A∧B |

033
다음 진술들이 참일 때, 반드시 참인 것은?

- 범인의 머리카락이 갈색이거나 키가 크다.
- 만약 범인의 머리카락이 갈색이라면, 그는 안경을 쓴다.
- 만약 범인의 머리카락이 갈색이라면, 그는 안경을 쓰지 않는다.
- 만약 범인이 안경을 쓰지 않는다면, 그는 키가 크지 않다.
- 만약 범인이 왼손잡이라면 키가 크다.

① 범인은 왼손잡이고 키가 크다.
② 범인은 키가 크고 안경을 쓴다.
③ 범인은 안경을 쓰고 왼손잡이다.
④ 범인의 머리카락이 갈색인지는 확실히 알 수 없지만 키는 크다.

• 해제

조건 분석

주어진 조건들을 기호화하면 다음과 같다.

- 범인의 머리카락이 갈색이거나 키가 크다. ──── 조건1. 갈색∨키 큼 ≡ ~갈색→키 큼
- 만약 범인의 머리카락이 갈색이라면, 그는 안경을 쓴다. ──── 조건2. 갈색→안경
- 만약 범인의 머리카락이 갈색이라면, 그는 안경을 쓰지 않는다. ──── 조건3. 갈색→~안경
- 만약 범인이 안경을 쓰지 않는다면, 그는 키가 크지 않다. ──── 조건4. ~안경→~키 큼 ≡ 키 큼→안경
- 만약 범인이 왼손잡이라면 키가 크다. ──── 조건5. 왼손→키 큼

선택지 해설

1) 조건2와 조건3은 모순이므로 '갈색'은 거짓이다. 따라서 '~갈색'이 확정된다.
2) 조건1인 '갈색∨키 큼'은 조건문으로 변환할 수 있다. '~(~갈색)∨키 큼'은 '~갈색→키 큼'이 된다.
3) 1)에 따라 '~갈색'이며 2)에 따라 '~갈색→키 큼'이므로 '키 큼'은 확정된다.
4) 3)에 따라 '키 큼'이므로 조건4의 대우인 '키 큼→안경'에 따라 '안경'도 확정된다.

지금까지 확정된 것들은 다음과 같다.
'~갈색, 키 큼, 안경'
따라서 정답은 ②번이다.

① 범인이 왼손잡이라는 것은 알 수 없다.
③ 범인이 왼손잡이라는 것은 알 수 없다.
④ 조건2와 조건3이 모순이므로 범인의 머리카락은 갈색이 아님을 알 수 있다.

정답 ②

| 1 | ~(부정): A가 아니다 ⇒ ~A
A가 아닌 것은 아니다
⇒ ~(~A) ≡ A |
| 2 | 선언(∨)의 부정:
~(A∨B) ≡ ~A∧~B |
| 3 | 연언(∧)의 부정:
~(A∧B) ≡ ~A∨~B |
| 4 | 선언 기호(∨) 제거:
(A∨B, ~A)→B |
| 5 | 배타적 선언:
A⊕B ≡ (A∨B)∧~(A∧B) |
| 6 | 'A→B'가 거짓 ≡ 'A', '~B' |
| 7 | ~A∨B ≡ A→B |
| 8 | 오직 A일 때에만 B할 수 있다
= B는 A의 충분조건이다
= B→A |
| 9 | 대우 P→Q ≡ ~Q→~P |
| 10 | 모순 P→Q, P→~Q ≡ ~P |
| 11 | 술어 논리:
어떤 A는 B이다 ≡ A∧B |

034

다음 글의 내용이 참일 때, 반드시 채택되는 업체의 수는?

농림축산식품부는 구제역 백신을 조달할 업체를 채택할 것이다. 예비 후보로 A, B, C, D 네 개 업체가 선정되었으며, 그 외 다른 업체가 채택될 가능성은 없다. 각각의 업체에 대해 농림축산식품부는 채택하거나 채택하지 않거나 어느 하나의 결정을 내린다.

정부의 중소기업 육성 원칙에 따라, 일정 규모 이상의 대기업인 A가 채택되면 소기업인 B, D도 채택된다. A가 채택되지 않으면 D 역시 채택되지 않는다. 그리고 수의학산업 중점 육성 단지에 속한 업체인 B가 채택된다면, 같은 단지의 업체인 C가 채택되거나 혹은 타지역 업체인 A는 채택되지 않는다. 마지막으로 지역 안배를 위해, D가 채택되지 않는다면, A는 채택된다.

① 1개
② 2개
③ 3개
④ 4개

• 해제

조건 분석

주어진 조건들을 기호화하면 다음과 같다.

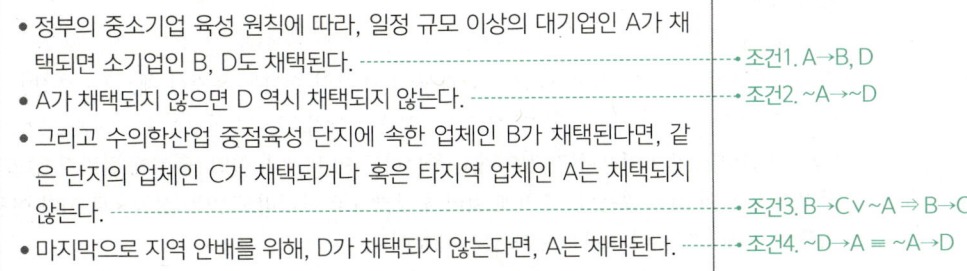

- 정부의 중소기업 육성 원칙에 따라, 일정 규모 이상의 대기업인 A가 채택되면 소기업인 B, D도 채택된다. ········ 조건1. A→B, D
- A가 채택되지 않으면 D 역시 채택되지 않는다. ········ 조건2. ~A→~D
- 그리고 수의학산업 중점육성 단지에 속한 업체인 B가 채택된다면, 같은 단지의 업체인 C가 채택되거나 혹은 타지역 업체인 A는 채택되지 않는다. ········ 조건3. B→C∨~A ⇒ B→C
- 마지막으로 지역 안배를 위해, D가 채택되지 않는다면, A는 채택된다. ········ 조건4. ~D→A ≡ ~A→D

선택지 해설

1) 조건2인 '~A→~D'와 조건4의 대우인 '~A→D'는 모순이다. 따라서 '~A'가 거짓이므로 'A'가 확정된다.
2) 1)에 따라 'A'이므로 조건1에 따라 'B', 'D'도 확정된다.
3) 1)에 따라 'A'이므로 조건3인 'B→C∨~A'는 'B→C'로 변환된다.
4) 2)에 따라 'B'이며, 조건3의 변환인 'B→C'에 따라 'C'도 확정된다.

확정된 것을 정리하면 'A, B, C, D'이다. 따라서 채택되는 업체의 수는 4개이므로 정답은 ④번이다.

정답 ④

(3) 역과 이

① 역: 조건문에서 명제의 역이란 충분 조건과 필요 조건의 순서를 바꾼 것을 말한다. 'P→Q'의 역은 'Q→P'이다. 'P→Q'가 참이라고 할지라도 그 역인 'Q→P'는 반드시 참이 되지 않는다. '특정 종교인은 돼지고기를 먹지 않는다'가 참이라고 할 때 '돼지고기를 먹지 않으면 특정 종교인이다'라는 명제는 반드시 참이 되지 않음을 알 수 있다.

② 이: 조건문에서 명제의 이란 충분 조건과 필요 조건의 순서는 유지한 채, 긍·부정만 뒤바꾼 것을 말한다. 'P→Q'의 이는 '~P→~Q'이다. 'P→Q'가 참이라고 할지라도 그 이인 '~P→~Q'는 반드시 참이 되지 않는다. '충치에 걸리면 이가 아프다'가 참이라고 하더라도 이 명제의 이인 '충치에 걸리지 않으면 이가 아프지 않다'가 반드시 참이 되지 않는다. 충치에 걸리지 않았다고 하더라도 잇몸 질환으로 이가 아플 수도 있고, 충격에 의해 이가 깨어져서 이가 아플 수도 있기 때문이다.

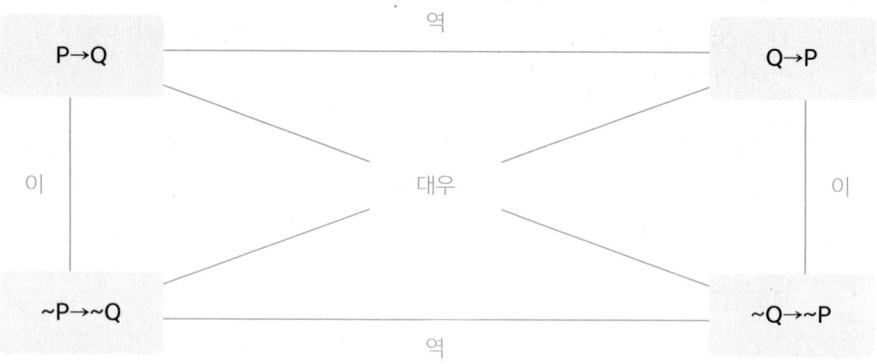

중요한 것은 문제에서 어떻게 쓰이느냐이다. 사실 우리는 역과 이는 반드시 참이지 않다는 것을 알게 모르게 적용하면서 문제를 해결해 왔다. 조건문 'P→Q'와 'R→Q'이 반드시 참이라고 할 때, 이 둘을 합쳐서 'P→Q→R'이라고 생각하지는 않는다. 'R→Q'가 참이라고 그 역인 'Q→R'이 참이 되지 않기 때문이다. 다음 문제들을 통해 이를 더 깊게 이해해 보자.

memo

| 1 | ~(부정): A가 아니다 ⇒ ~A
A가 아닌 것은 아니다
⇒ ~(~A) ≡ A |
| --- | --- |
| 2 | 선언(∨)의 부정:
~(A∨B) ≡ ~A∧~B |
| 3 | 연언(∧)의 부정:
~(A∧B) ≡ ~A∨~B |
| 4 | 선언 기호(∨) 제거:
(A∨B, ~A)→B |
| 5 | 배타적 선언:
A⊕B ≡ (A∨B)∧~(A∧B) |
| 6 | 'A→B'가 거짓 ≡ 'A', '~B' |
| 7 | ~A∨B ≡ A→B |
| 8 | 오직 A일 때에만 B할 수 있다
≡ B는 A의 충분조건이다
≡ B→A |
| 9 | 대우 P→Q ≡ ~Q→~P |
| 10 | 모순 P→Q, P→~Q ≡ ~P |
| 11 | 술어 논리:
어떤 A는 B이다 ≡ A∧B |

035

다음의 내용이 참이라고 할 때 <보기>의 명제의 진리치는?

- 학습은 지도 학습과 비지도 학습으로 나뉜다.
- 지도 학습이면서 비지도 학습인 것은 없다.
- 과정 중심 방식은 지도 학습이다.

보기
비지도 학습이 아니면 과정 중심 방식이다.

① 참
② 반드시 참이라고 할 수 없음

• **해제**

조건 분석

주어진 조건들을 기호화하면 다음과 같다.

- 학습은 지도 학습과 비지도 학습으로 나뉜다. ············· 조건1. 지도∨비지도
- 지도 학습이면서 비지도 학습인 것은 없다. ············· 조건2. 지도→~비지도
- 과정 중심 방식은 지도 학습이다. ························· 조건3. 과정 중심→지도

선택지 해설

1) <보기>를 기호화하면 '~비지도→과정 중심'이다. '~비지도'를 확정해서 진위 여부를 판단해 보자.
2) 1)에 따라 '~비지도'이므로 조건1에 따라 '지도'는 확정이다.
3) 2)에 따라 '지도'이지만 '지도→과정 중심'이 참이라고 장담할 수 없다. 이는 조건3인 '과정 중심→지도'의 역이기 때문이다.
4) 따라서 '~비지도→과정 중심'은 반드시 참이라고 볼 수 없다.

정답 ②

1	~(부정): A가 아니다 ⇒ ~A A가 아닌 것은 아니다 ⇒ ~(~A) ≡ A
2	선언(∨)의 부정: ~(A∨B) ≡ ~A∧~B
3	연언(∧)의 부정: ~(A∧B) ≡ ~A∨~B
4	선언 기호(∨) 제거: (A∨B, ~A)→B
5	배타적 선언: A⊕B ≡ (A∨B)∧~(A∧B)
6	'A→B'가 거짓 ≡ 'A', '~B'
7	~A∨B ≡ A→B
8	오직 A일 때에만 B할 수 있다 ≡ B는 A의 충분조건이다 ≡ B→A
9	대우 P→Q ≡ ~Q→~P
10	모순 P→Q, P→~Q ≡ ~P
11	술어 논리: 어떤 A는 B이다 ≡ A∧B

036

A, B, C, D 네 개의 국책 사업 추진 여부를 두고, 정부가 다음과 같은 기본 방침을 정했다고 하자. 다음 빈칸에 들어갈 말로 가장 적절한 것은?

- A를 추진한다면, B도 추진한다.
- C를 추진한다면, D도 추진한다.
- A나 C 가운데 적어도 한 사업은 추진한다.
- A는 추진하지 않는다.

따라서 (   )

① C, D만 추진한다.
② B를 추진한다.
③ B를 추진하는지 알 수 없다.
④ D는 추진하지 않는다.

• 해제

조건 분석

주어진 조건들을 기호화하면 다음과 같다.

- A를 추진한다면, B도 추진한다. .... 조건1. A→B
- C를 추진한다면, D도 추진한다. .... 조건2. C→D
- A나 C 가운데 적어도 한 사업은 추진한다. .... 조건3. A∨C
- A는 추진하지 않는다. .... 조건4. ~A

선택지 해설

1) 조건4에 따라 '~A'는 확정이다. '~A'이므로 조건3인 'A∨C'에 따라 'C'가 확정이다.
2) 1)에 따라 'C'이므로 조건2에 따라 'D'도 확정이다.

확정된 것을 정리해 보면 '~A, C, D'이다. 'B'에 대해서는 진위 여부를 판단할 수 없다.
따라서 정답은 ③번이다.

① 조건4에 따라 A는 추진하지 않고 조건3에 따라 C는 추진하고 조건2에 따라 D도 추진한다. 다만 B의 추진 여부에 대해서는 알 수 없다.
② B의 추진 여부는 알 수 없다.
④ 조건4에 따라 A는 추진하지 않고 조건3에 따라 C는 추진하고 조건2에 따라 D도 추진한다.

정답 ③

1	~(부정): A가 아니다 ⇒ ~A A가 아닌 것은 아니다 ⇒ ~(~A) ≡ A
2	선언(∨)의 부정: ~(A∨B) ≡ ~A∧~B
3	연언(∧)의 부정: ~(A∧B) ≡ ~A∨~B
4	선언 기호(∨) 제거: (A∨B, ~A)→B
5	배타적 선언: A⊕B ≡ (A∨B)∧~(A∧B)
6	'A→B'가 거짓 ≡ 'A', '~B'
7	~A∨B ≡ A→B
8	오직 A일 때에만 B할 수 있다 ≡ B는 A의 충분조건이다 ≡ B→A
9	대우 P→Q ≡ ~Q→~P
10	모순 P→Q, P→~Q ≡ ~P
11	술어 논리: 어떤 A는 B이다 ≡ A∧B

037

다음 <조건>이 모두 참이라고 할 때, <보기>의 ㄱ~ㄷ 중에서 반드시 참인 것만 모두 고르면?

<조건>
- 운영위원회가 열리면 법제사법위원회가 열리지 않는다.
- 본회의가 열리면 법제사법위원회가 열린다.
- 본회의가 열리지 않으면 인사청문회가 열린다.
- 운영위원회가 열리면 국회 인사규칙 개정안을 상정한다.

보기
ㄱ. 본회의와 법제사법위원회가 열리면 운영위원회가 열리지 않는다.
ㄴ. 운영위원회가 열리면 인사청문회가 열린다.
ㄷ. 인사청문회가 열리지 않으면 국회 인사규칙 개정안이 상정되지 않는다.

① ㄱ
② ㄴ
③ ㄷ
④ ㄱ, ㄴ

• 해제

조건 분석

주어진 조건들을 기호화하면 다음과 같다.

- 운영위원회가 열리면 법제사법위원회가 열리지 않는다. ……… 조건1. 운영→~법제 ≡ 법제→~운영
- 본회의가 열리면 법제사법위원회가 열린다. ……………………… 조건2. 본회의→법제
- 본회의가 열리지 않으면 인사청문회가 열린다. …………………… 조건3. ~본회의→인사 ≡ ~인사→본회의
- 운영위원회가 열리면 국회 인사규칙 개정안을 상정한다. ………… 조건4. 운영→국회

선택지 해설

ㄱ: '본회의∧법제→~운영'의 진위 여부를 살펴 보자.
1) '본회의∧법제→~운영'의 대우는 '운영→~본회의∨~법제'이다.
2) 조건1은 '운영→~법제'이므로 ㄱ은 적절하다.

ㄴ: '운영→인사'의 진위 여부를 살펴 보자.
1) '운영→인사'의 대우는 '~인사→~운영'이다. '~인사'를 확정하자.
2) 1)에 따라 '~인사'이므로 조건3의 대우인 '~인사→본회의'에 따라 '본회의'도 확정이다.
3) 2)에 따라 '본회의'이므로 조건2에 따라 '법제'도 확정이다.
4) 3)에 따라 '법제'이므로 조건1의 대우인 '법제→~운영'에 따라 '~운영'도 확정이다.
5) 이상의 흐름을 정리하면 '~인사→본회의→법제→~운영'이므로 '~인사→~운영'은 참이다. 따라서 ㄴ도 참이다.

ㄷ: '~인사→~국회'의 진위 여부를 살펴 보자.
1) 이 논리의 대우는 '국회→인사'이다. 이를 파악하기 위해 '국회'와 관련된 조건들이 있어야 하는데 그렇지 않다. 따라서 ㄷ은 반드시 참이라고 보기 어렵다.

ㄱ, ㄴ만 반드시 참이므로 정답은 ④번이다.

정답 ④

1	~(부정): A가 아니다 ⇒ ~A A가 아닌 것은 아니다 ⇒ ~(~A) ≡ A
2	선언(∨)의 부정: ~(A∨B) ≡ ~A∧~B
3	연언(∧)의 부정: ~(A∧B) ≡ ~A∨~B
4	선언 기호(∨) 제거: (A∨B, ~A)→B
5	배타적 선언: A⊕B ≡ (A∨B)∧~(A∧B)
6	'A→B'가 거짓 ≡ 'A', '~B'
7	~A∨B ≡ A→B
8	오직 A일 때에만 B할 수 있다 ≡ B는 A의 충분조건이다 ≡ B→A
9	대우 P→Q ≡ ~Q→~P
10	모순 P→Q, P→~Q ≡ ~P
11	술어 논리: 어떤 A는 B이다 ≡ A∧B

038

전제가 참일 때 결론이 반드시 참인 논증을 펼친 사람만을 모두 고르면?

> **영희:** 갑이 A부처에 발령을 받으면, 을은 B부처에 발령을 받아. 그런데 을이 B부처에 발령을 받지 않았어. 그러므로 갑은 A부처에 발령을 받지 않았어.
> **철수:** 갑이 A부처에 발령을 받으면, 을도 A부처에 발령을 받아. 그런데 을이 B부처가 아닌 A부처에 발령을 받았어. 따라서 갑은 A부처에 발령을 받았어.
> **현주:** 갑이 A부처에 발령을 받지 않거나, 을과 병이 C부처에 발령을 받아. 그런데 갑이 A부처에 발령을 받았어. 그러므로 을과 병 모두 C부처에 발령을 받았어.

① 영희
② 철수
③ 영희, 철수
④ 영희, 현주
⑤ 철수, 현주

• **해제**

조건 분석

주어진 조건들을 기호화하면 다음과 같다.

> **영희**
> • 갑이 A부처에 발령을 받으면, 을은 B부처에 발령을 받아. ········· 전제1. 갑A→을B ≡ ~을B→~갑A
> • 그런데 을이 B부처에 발령을 받지 않았어. ························· 전제2. ~을B
> • 그러므로 갑은 A부처에 발령을 받지 않았어. ······················· 결론: ~갑A

선택지 해설

1) 전제2에 따라 '~을B'는 확정이다.
2) 1)에 따라 '~을B'이므로 전제1의 대우인 '~을B→~갑A'에 따라 '~갑A'도 확정이다.

결론이 자연스럽게 도출되므로 영희는 반드시 참인 논증을 펼쳤다.

조건 분석

> **철수**
> • 갑이 A부처에 발령을 받으면, 을도 A부처에 발령을 받아. ········· 전제1. 갑A→을A
> • 그런데 을이 B부처가 아닌 A부처에 발령을 받았어. ··············· 전제2. 을A
> • 따라서 갑은 A부처에 발령을 받았어. ······························· 결론: 갑A

선택지 해설

1) 전제2에 따라 '을A'는 확정이다.
2) 더 이상 확정할 수 있는 조건이 없다. 따라서 결론은 반드시 참이라고 할 수 없다.

철수의 결론은 전제1인 '갑A→을A'가 참일 때 그 역인 '을A→갑A'도 참이라고 할 수 있을 때에는 반드시 참이다. 그러나 명제가 참이라고 그 역이 반드시 참이 되는 것은 아니므로 철수의 결론은 적절하지 않다.

조건 분석

> **현주**
> • 갑이 A부처에 발령을 받지 않거나, 을과 병이 C부처에 발령을 받아. ········· 전제1. ~갑A∨(을C, 병C)
> • 그런데 갑이 A부처에 발령을 받았어. ······························· 전제2. 갑A
> • 그러므로 을과 병 모두 C부처에 발령을 받았어. ··················· 결론: 을C, 병C

선택지 해설

1) 전제2에 따라 '갑A'는 확정이다.
2) 1)에 따라 '갑A'이므로 전제1에 따라 '을C, 병C'가 확정이다.

따라서 현주의 결론은 반드시 참이다.

정답 ④

1	~(부정): A가 아니다 ⇒ ~A A가 아닌 것은 아니다 ⇒ ~(~A) ≡ A
2	선언(∨)의 부정: ~(A∨B) ≡ ~A∧~B
3	연언(∧)의 부정: ~(A∧B) ≡ ~A∨~B
4	선언 기호(∨) 제거: (A∨B, ~A)→B
5	배타적 선언: A⊕B ≡ (A∨B)∧~(A∧B)
6	'A→B'가 거짓 ≡ 'A', '~B'
7	~A∨B ≡ A→B
8	오직 A일 때에만 B할 수 있다 ≡ B는 A의 충분조건이다 ≡ B→A
9	대우 P→Q ≡ ~Q→~P
10	모순 P→Q, P→~Q ≡ ~P
11	술어 논리: 어떤 A는 B이다 ≡ A∧B

039

갑, 을, 병, 정 네 사람은 개방형 직위 공개 모집에 지원하려고 한다. 다음과 같은 조건에 따라 지원한다고 할 때 빈칸에 들어갈 말로 가장 적절한 것은?

- 갑이 지원한다면, 을도 지원한다.
- 병이 지원한다면, 정도 지원한다.
- 갑이나 병 적어도 둘 중 한 사람은 지원한다.
- 병은 지원하지 않는다.

따라서 ☐

① 갑, 을만 지원한다.
② 을은 지원하지 않는다.
③ 정은 지원한다.
④ 정이 지원하는지 알 수 없다.

• 해제

조건 분석

주어진 조건들을 기호화하면 다음과 같다.

- 갑이 지원한다면, 을도 지원한다. ············· 조건1. 갑→을
- 병이 지원한다면, 정도 지원한다. ············· 조건2. 병→정
- 갑이나 병 적어도 둘 중 한 사람은 지원한다. ············· 조건3. 갑∨병
- 병은 지원하지 않는다. ············· 조건4. ~병

선택지 해설

1) 조건4에 따라 '~병'이 확정이다.
2) 1)에 따라 '~병'이 확정이므로 조건3의 선언지 제거에 따라 '갑'이 확정이다.
3) 2)에 따라 '갑'이 확정이므로 조건1에 따라 '을'이 확정이다.
4) 확정된 것을 정리해 보면 '갑, 을, ~병'이고 '정'에 대해서는 알 수 없으므로 ④번이 정답이다.

① '갑'과 '을'은 지원하고 '병'은 지원하지 않지만 '정'에 대해서는 알 수 없으므로 반드시 참이라고 할 수 없다.
② '을'은 지원한다.
③ '정'에 대해서는 알 수 없다.

정답 ④

5 술어 논리

(1) 전칭과 특칭
술어 논리는 '모든'을 뜻하는 '전칭'과 '어떤'을 뜻하는 '특칭'과 관련된 논리이다.
① 전칭 명제: 모든 A는 B이다.
　　예) 모든 조류는 난생을 한다.
② 특칭 명제: 어떤 A는 B이다. ≡ B인 A가 존재한다.
　　예) 어떤 새는 날지 못한다. / 날지 못하는 새가 존재한다.

(2) 전칭과 특칭의 부정
전칭과 특칭 사이에도 드모르간의 법칙이 성립한다.
① 전칭 명제의 부정: ~(모든 A는 B이다) ≡ 어떤 A는 B가 아니다.
② 특칭 명제의 부정: ~(어떤 A는 B이다) ≡ 모든 A는 B가 아니다.

(3) 술어 논리의 추론
술어 논리에서 전칭 명제는 조건문을 활용하면 된다. 문제는 특칭 명제이다. 특칭 명제는 조건문이 아니라 연언을 활용해야 한다. 다음을 보자.

예) 모든 새는 날개를 가지고 있다.	새→날개
어떤 새는 날지를 못한다.	새∧~낢
어떤 새는 날개가 있지만 날지 못한다.	새∧날개∧~낢

memo

| 1 | ~(부정): A가 아니다 ⇒ ~A
A가 아닌 것은 아니다
⇒ ~(~A) ≡ A |
|---|---|
| 2 | 선언(∨)의 부정:
~(A∨B) ≡ ~A∧~B |
| 3 | 연언(∧)의 부정:
~(A∧B) ≡ ~A∨~B |
| 4 | 선언 기호(∨) 제거:
(A∨B, ~A)→B |
| 5 | 배타적 선언:
A⊕B ≡ (A∨B)∧~(A∧B) |
| 6 | 'A→B'가 거짓 ≡ 'A', '~B' |
| 7 | ~A∨B ≡ A→B |
| 8 | 오직 A일 때에만 B할 수 있다
= B는 A의 충분조건이다
= B→A |
| 9 | 대우 P→Q ≡ ~Q→~P |
| 10 | 모순 P→Q, P→~Q ≡ ~P |
| 11 | 술어 논리:
어떤 A는 B이다 ≡ A∧B |

040
다음 빈칸에 들어갈 결론은?

> 예) 서양 미술을 사랑하는 모든 사람은 패션을 중시한다.
> 어떤 한국인은 서양 미술을 사랑한다.
> ----
> 따라서 (   )

① 한국인이면 패션을 중시한다.
② 어떤 한국인은 패션을 중시한다.
③ 패션을 중시하지 않는 사람은 한국인이 아니다.
④ 서양 미술을 사랑하는 어떤 사람은 한국인이 아니다.

• 해제

조건 분석

주어진 조건들을 기호화하면 다음과 같다.

- 서양 미술을 사랑하는 모든 사람은 패션을 중시한다. ········ 조건1. 서양 미술→패션 중시
- 어떤 한국인은 서양 미술을 사랑한다. ········ 조건2. 한국인∧서양 미술

선택지 해설

1) 조건2의 '한국인∧서양 미술'에서 조건1을 활용하여 '서양 미술' 대신 '패션 중시'로 바꿀 수 있다. 그럼 '한국인∧패션 중시'가 도출된다.
2) '한국인∧패션 중시'는 연언이므로 이를 말로 풀어 내면 '한국인이면 패션을 중시한다'가 아니다. '어떤 한국인은 패션을 중시한다'이다. 따라서 답은 ②번이다.

정답 ②

| 1 | ~(부정): A가 아니다 ⇒ ~A
A가 아닌 것은 아니다
⇒ ~(~A) ≡ A |
| 2 | 선언(∨)의 부정:
~(A∨B) ≡ ~A∧~B |
| 3 | 연언(∧)의 부정:
~(A∧B) ≡ ~A∨~B |
| 4 | 선언 기호(∨) 제거:
(A∨B, ~A)→B |
| 5 | 배타적 선언:
A⊕B ≡ (A∨B)∧~(A∧B) |
| 6 | 'A→B'가 거짓 ≡ 'A', '~B' |
| 7 | ~A∨B ≡ A→B |
| 8 | 오직 A일 때에만 B할 수 있다
≡ B는 A의 충분조건이다
≡ B→A |
| 9 | 대우 P→Q ≡ ~Q→~P |
| 10 | 모순 P→Q, P→~Q ≡ ~P |
| 11 | 술어 논리:
어떤 A는 B이다 ≡ A∧B |

041
다음 빈칸에 들어갈 전제는?

모든 A는 C가 아니다.
( )

따라서 어떤 B는 C가 아니다.

① 어떤 B는 A이다.
② 어떤 B는 A가 아니다.
③ 어떤 C는 B이다.
④ 어떤 C는 B가 아니다.

• 해제

조건 분석

주어진 조건들을 기호화하면 다음과 같다.

- 모든 A는 C가 아니다. ········· 조건1. A→~C
- (　　　) ········· 조건2. (　)
- 따라서 어떤 B는 C가 아니다. ········· 결론: B∧~C

선택지 해설

1) 조건1인 'A→~C'를 이용하면 결론인 'B∧~C'는 'B∧A'로 바꿀 수 있다.
2) 따라서 조건2에는 'B∧A'가 들어가야 한다.
3) 'B∧A'를 말로 풀어내면 '어떤 B는 A이다'이므로 정답은 ①번이다.

② '어떤 B는 A가 아니다'는 'B∧~A'이다.
③ '어떤 C는 B이다'는 'C∧B'이다.
④ '어떤 C는 B가 아니다'는 'C∧~B'이다.

정답 ①

1	~(부정): A가 아니다 ⇒ ~A A가 아닌 것은 아니다 ⇒ ~(~A) ≡ A
2	선언(∨)의 부정: ~(A∨B) ≡ ~A∧~B
3	연언(∧)의 부정: ~(A∧B) ≡ ~A∨~B
4	선언 기호(∨) 제거: (A∨B, ~A)→B
5	배타적 선언: A⊕B ≡ (A∨B)∧~(A∧B)
6	'A→B'가 거짓 ≡ 'A', '~B'
7	~A∨B ≡ A→B
8	오직 A일 때에만 B할 수 있다 ≡ B는 A의 충분조건이다 ≡ B→A
9	대우 P→Q ≡ ~Q→~P
10	모순 P→Q, P→~Q ≡ ~P
11	술어 논리: 　어떤 A는 B이다 ≡ A∧B

042

(가)와 (나)를 전제로 할 때 빈칸에 들어갈 결론으로 가장 적절한 것은?

(가) 노인복지 문제에 관심이 있는 사람 중 일부는 일자리 문제에 관심이 있는 사람이 아니다.
(나) 공직에 관심이 있는 사람은 모두 일자리 문제에 관심이 있는 사람이다.

따라서 (　　　　　　　)

① 노인복지 문제에 관심이 있는 사람 중 일부는 공직에 관심이 있는 사람이 아니다.
② 공직에 관심이 있는 사람 중 일부는 노인복지 문제에 관심이 있는 사람이 아니다.
③ 공직에 관심이 있는 사람은 모두 노인복지 문제에 관심이 있는 사람이 아니다.
④ 일자리 문제에 관심이 있지만 노인복지 문제에 관심이 없는 사람은 모두 공직에 관심이 있는 사람이 아니다.

• 해제

조건 분석

주어진 조건들을 기호화하면 다음과 같다.

- (가) 노인복지 문제에 관심이 있는 사람 중 일부는 일자리 문제에 관심이 있는 사람이 아니다. ········· (가) 노인복지 관심∧~일자리 문제 관심
- (나) 공직에 관심이 있는 사람은 모두 일자리 문제에 관심이 있는 사람이다. ········· (나) 공직에 관심→일자리 문제 관심
 ≡ ~일자리 문제 관심→~공직에 관심

선택지 해설

1) (나)의 대우는 '~일자리 문제 관심→~공직에 관심'이다.
2) (나)의 대우를 (가)와 연결하면 다음과 같다.
   '노인복지 관심∧~공직에 관심'
3) '노인복지 관심∧~공직에 관심'을 말로 풀어내면 '노인복지 문제에 관심이 있는 어떤 사람은 공직에 관심이 있는 것이 아니다'이다. 이와 의미가 동일한 것은 ①번이다.

선지의 내용을 기호화해 보면 다음과 같다.

② 공직에 관심∧~노인복지 관심
③ 공직에 관심→~노인복지 관심
④ 일자리 문제 관심∧~노인복지 관심→~공직에 관심

정답 ①

| 1 | ~(부정): A가 아니다 ⇒ ~A
A가 아닌 것은 아니다
⇒ ~(~A) ≡ A |
| 2 | 선언(∨)의 부정:
~(A∨B) ≡ ~A∧~B |
| 3 | 연언(∧)의 부정:
~(A∧B) ≡ ~A∨~B |
| 4 | 선언 기호(∨) 제거:
(A∨B, ~A)→B |
| 5 | 배타적 선언:
A⊕B ≡ (A∨B)∧~(A∧B) |
| 6 | 'A→B'가 거짓 ≡ 'A', '~B' |
| 7 | ~A∨B ≡ A→B |
| 8 | 오직 A일 때에만 B할 수 있다
≡ B는 A의 충분조건이다
≡ B→A |
| 9 | 대우 P→Q ≡ ~Q→~P |
| 10 | 모순 P→Q, P→~Q ≡ ~P |
| 11 | 술어 논리:
어떤 A는 B이다 ≡ A∧B |

043

다음 글의 밑줄 친 결론을 이끌어내기 위해 추가해야 할 것은?

> 문학을 좋아하는 사람은 모두 자연의 아름다움을 좋아하는 사람이다. 자연의 아름다움을 좋아하는 어떤 사람은 예술을 좋아하는 사람이다. 따라서 예술을 좋아하는 어떤 사람은 문학을 좋아하는 사람이다.

① 자연의 아름다움을 좋아하는 사람은 모두 문학을 좋아하는 사람이다.
② 문학을 좋아하는 어떤 사람은 자연의 아름다움을 좋아하는 사람이다.
③ 예술을 좋아하는 어떤 사람은 자연의 아름다움을 좋아하는 사람이다.
④ 예술을 좋아하지만 문학을 좋아하지 않는 사람은 모두 자연의 아름다움을 좋아하는 사람이다.

• 해제

조건 분석

주어진 조건들을 기호화하면 다음과 같다.

- 문학을 좋아하는 사람은 모두 자연의 아름다움을 좋아하는 사람이다. ······• 조건1. 문학→자연
- 자연의 아름다움을 좋아하는 어떤 사람은 예술을 좋아하는 사람이다. ······• 조건2. 자연∧예술
- (   ) ······• 조건3. (   )
- 따라서 예술을 좋아하는 어떤 사람은 문학을 좋아하는 사람이다. ······• 결론: 예술∧문학

선택지 해설

1) 결론이 도출되기 위해서는 조건2에서 '자연'을 '문학'으로 바꾸어주면 된다.
2) 따라서 조건3에는 '자연→문학'이 들어가면 된다.
3) '자연→문학'을 말로 풀어내면 '자연의 아름다움을 좋아하는 사람들은 모두 문학을 좋아하는 사람이다'이므로 정답은 ①번이다.

선지의 내용을 기호화해 보면 다음과 같다.

② 문학∧자연
③ 예술∧자연
④ 예술∧~문학→자연

정답 ①

1	~(부정): A가 아니다 ⇒ ~A A가 아닌 것은 아니다 ⇒ ~(~A) ≡ A
2	선언(∨)의 부정: ~(A∨B) ≡ ~A∧~B
3	연언(∧)의 부정: ~(A∧B) ≡ ~A∨~B
4	선언 기호(∨) 제거: (A∨B, ~A)→B
5	배타적 선언: A⊕B ≡ (A∨B)∧~(A∧B)
6	'A→B'가 거짓 ≡ 'A', '~B'
7	~A∨B ≡ A→B
8	오직 A일 때에만 B할 수 있다 ≡ B는 A의 충분조건이다 ≡ B→A
9	대우 P→Q ≡ ~Q→~P
10	모순 P→Q, P→~Q ≡ ~P
11	술어 논리: 어떤 A는 B이다 ≡ A∧B

※ '적어도 한 사람은'이라는 말이 들어가면 특칭 명제이며, 술어 논리이다.

044
다음 전제들이 모두 참이라고 가정할 때 반드시 참인 것은?

- 정치학을 수강하는 학생은 모두 논리학도 수강하고 있다.
- 경영학을 수강하는 학생은 모두 경제학도 수강하고 있다.
- A학과 학생 중 적어도 한 명은 경영학을 수강하고 있다.
- A학과 학생은 정치학과 논리학을 반드시 수강해야 한다.

① A학과 학생 중에는 경제학만 수강하는 학생이 있다.
② A학과 학생 중에는 경제학을 수강하지 않는 학생이 있다.
③ A학과 학생 중에는 정치학과 논리학만 수강하는 학생이 있다.
④ A학과 학생 중에는 정치학과 논리학과 경제학을 수강하는 학생이 있다.

• 해제

조건 분석

주어진 조건들을 기호화하면 다음과 같다.

- 정치학을 수강하는 학생은 모두 논리학도 수강하고 있다. ········ 조건1. 정치→논리
- 경영학을 수강하는 학생은 모두 경제학도 수강하고 있다. ········ 조건2. 경영→경제
- A학과 학생 중 적어도 한 명은 경영학을 수강하고 있다. ········ 조건3. A학과∧경영
- A학과 학생은 정치학과 논리학을 반드시 수강해야 한다. ········ 조건4. A학과→정치∧논리

선택지 해설

1) 선택지가 모두 특칭 명제로 표현되어 있으므로 특칭 명제에 집중하자.
2) 조건2에 따라 조건3은 'A학과∧경제'로 변환할 수 있다.
3) 또한 조건4에 따라 'A학과'는 '정치∧논리'로 변환할 수 있다.
4) 3)을 활용하여 2)에서 도출된 'A학과∧경제'를 '정치∧논리∧경제'로 변환할 수 있다.
5) 이를 말로 바꾸면 'A학과 학생 중에는 정치학과 논리학과 경제학을 수강하는 학생이 있다'이다. 따라서 정답은 ④번이다.

① 조건4에 따라 A학과 학생은 정치학과 논리학을 반드시 수강해야 한다.
② 조건3에 따라 'A학과∧경영'이고 조건2에 따라 '경영→경제'이므로 'A학과 학생 중 적어도 한 명은 경제학을 수강하고 있다.'가 된다. 적어도 한 명은 경제학을 수강하고 모든 인원이 경제학을 수강할 수도 있기에 경제학을 수강하지 않는 학생이 있다고 확정 지을 수 없다.
③ 조건3에 따라 'A학과∧경영'이고 조건2에 따라 '경영→경제'이므로 'A학과 학생 중 적어도 한 명은 경제학을 수강하고 있다.'가 된다. 적어도 한 명은 경제학을 수강하고 모든 인원이 경제학을 수강할 수도 있기에 정치학과 논리학만 수강하는 학생이 있다고 확정 지을 수 없다.

정답 ④

1 ~(부정): A가 아니다 ⇒ ~A
A가 아닌 것은 아니다
⇒ ~(~A) ≡ A

2 선언(∨)의 부정:
~(A∨B) ≡ ~A∧~B

3 연언(∧)의 부정:
~(A∧B) ≡ ~A∨~B

4 선언 기호(∨) 제거:
(A∨B, ~A)→B

5 배타적 선언:
A⊕B ≡ (A∨B)∧~(A∧B)

6 'A→B'가 거짓 ≡ 'A', '~B'

7 ~A∨B ≡ A→B

8 오직 A일 때에만 B할 수 있다
≡ B는 A의 충분조건이다
≡ B→A

9 대우 P→Q ≡ ~Q→~P

10 모순 P→Q, P→~Q ≡ ~P

11 술어 논리:
어떤 A는 B이다 ≡ A∧B

045

(가)와 (나)를 전제로 할 때 빈칸에 들어갈 결론으로 가장 적절한 것은?

> **(가)** 이농 현상에 관심이 있는 사람 중 일부는 저출산 문제에 관심이 있는 사람이 아니다.
> **(나)** 정치에 관심이 있는 사람은 모두 저출산 문제에 관심이 있는 사람이다.
> 따라서 _____.

① 이농 현상에 관심이 있는 사람 중 일부는 정치에 관심이 있는 사람이 아니다
② 정치에 관심이 있는 사람 중 일부는 이농 현상에 관심이 있는 사람이 아니다
③ 정치에 관심이 있는 사람은 모두 이농 현상에 관심이 있는 사람이 아니다
④ 저출산 문제에 관심이 있지만 이농 현상에 관심이 없는 사람은 모두 정치에 관심이 있는 사람이 아니다

• 해제

조건 분석

주어진 조건들을 기호화하면 다음과 같다.

- 이농 현상에 관심이 있는 사람 중 일부는 저출산 문제에 관심이 있는 사람이 아니다. ·········· 조건1. 이농 현상 ∧ ~저출산 문제
- 정치에 관심이 있는 사람은 모두 저출산 문제에 관심이 있는 사람이다. ·········· 조건2. 정치 → 저출산 문제 ≡ ~저출산 문제 → ~정치

선택지 해설

1) 조건2의 대우가 '~저출산 문제 → ~정치'이다.
2) 조건2의 대우와 조건1을 합치면 '이농 현상 ∧ ~정치'가 된다.
3) '이농 현상 ∧ ~정치'를 문장으로 하면 '이농 현상에 관심이 있는 사람 중 일부는 정치에 관심이 있는 사람이 아니다.'이다. ①번이 정답이다.

정답 ①

| 1 | ~(부정): A가 아니다 ⇒ ~A
A가 아닌 것은 아니다
⇒ ~(~A) ≡ A |
| 2 | 선언(∨)의 부정:
~(A∨B) ≡ ~A∧~B |
| 3 | 연언(∧)의 부정:
~(A∧B) ≡ ~A∨~B |
| 4 | 선언 기호(∨) 제거:
(A∨B, ~A)→B |
| 5 | 배타적 선언:
A⊕B ≡ (A∨B)∧~(A∧B) |
| 6 | 'A→B'가 거짓 ≡ 'A', '~B' |
| 7 | ~A∨B ≡ A→B |
| 8 | 오직 A일 때에만 B할 수 있다
≡ B는 A의 충분조건이다
≡ B→A |
| 9 | 대우 P→Q ≡ ~Q→~P |
| 10 | 모순 P→Q, P→~Q ≡ ~P |
| 11 | 술어 논리:
어떤 A는 B이다 ≡ A∧B |

046

다음 빈칸에 들어갈 결론은?

> 케이팝을 좋아하는 모든 사람은 한국 문화에 관심이 있다.
> 어떤 외국 사람은 케이팝을 좋아한다.
> ----
> 따라서 ▭

① 케이팝을 좋아하는 어떤 사람은 외국 사람이 아니다.
② 한국 문화에 관심이 있지 않은 사람은 외국 사람이 아니다.
③ 외국 사람이면 한국 문화에 관심이 있다.
④ 어떤 외국 사람은 한국 문화에 관심이 있다.

• 해제

조건 분석

주어진 조건들을 기호화하면 다음과 같다.

- 케이팝을 좋아하는 모든 사람은 한국 문화에 관심이 있다. ········ 조건1. 케이팝→한국 문화
- 어떤 외국 사람은 케이팝을 좋아한다. ········ 조건2. 외국 사람∧케이팝

선택지 해설

1) 조건1과 조건2를 합치면 '외국 사람∧한국 문화'가 된다.
2) '외국 사람∧한국 문화'를 문장으로 하면 '어떤 외국 사람은 한국 문화에 관심이 있다.'이다. ④번이 정답이다.

정답 ④

1	~(부정): A가 아니다 ⇒ ~A A가 아닌 것은 아니다 ⇒ ~(~A) ≡ A
2	선언(∨)의 부정: ~(A∨B) ≡ ~A∧~B
3	연언(∧)의 부정: ~(A∧B) ≡ ~A∨~B
4	선언 기호(∨) 제거: (A∨B, ~A)→B
5	배타적 선언: A⊕B ≡ (A∨B)∧~(A∧B)
6	'A→B'가 거짓 ≡ 'A', '~B'
7	~A∨B ≡ A→B
8	오직 A일 때에만 B할 수 있다 ≡ B는 A의 충분조건이다 ≡ B→A
9	대우 P→Q ≡ ~Q→~P
10	모순 P→Q, P→~Q ≡ ~P
11	술어 논리: 어떤 A는 B이다 ≡ A∧B

047

다음 빈칸에 들어갈 전제는?

> 국어를 좋아하는 어떤 학생은 역사를 좋아한다.
>
> ────────────────────────────
>
> 따라서 역사를 좋아하는 어떤 학생은 장래 희망이 선생님이다.

① 국어를 좋아하는 모든 학생은 장래 희망이 선생님이다.
② 국어를 좋아하는 어떤 학생은 장래 희망이 선생님이다.
③ 역사를 좋아하는 어떤 학생은 장래 희망이 선생님이 아니다.
④ 장래 희망이 선생님인 어떤 학생은 역사를 좋아하지 않는다.

• **해제**

조건 분석

주어진 조건들을 기호화하면 다음과 같다.

- 국어를 좋아하는 어떤 학생은 역사를 좋아한다. ┈┈┈┈ 조건1. 국어∧역사
- (   ) ┈┈┈┈┈┈┈ 조건2. (   )
- 따라서 역사를 좋아하는 어떤 학생은 장래 희망이 선생님이다. ┈┈ 결론. 역사∧선생님

선택지 해설

1) '역사∧선생님'으로 결론이 나오려면 '국어→선생님'이 필요하다.
2) '국어→선생님'을 문장으로 하면 '국어를 좋아하는 모든 학생은 장래 희망이 선생님이다.'이다. ①번이 정답이다.

정답 ①

6 생략된 전제 찾기

이 문제 유형은 결론이 참으로 도출되기 위해서 필요한 전제를 찾으라는 것이다. 사실 이 유형은 지금까지 익힌 개념을 놓치지 않았다면 정답을 찾는 데 크게 어렵진 않다. 실상 이 유형을 해결하기 위해서는 결론을 역순으로 좇아가면 된다. 다음을 보자.

> A→B
> (   )
> 결론: A→C

빈칸에 들어갈 전제는 무엇일까? 결론은 'A→C'이다. 그런데 주어진 조건은 'A→B'이다. 따라서 주어진 조건에서 'B'를 'C'로 바꿀 수만 있으면 된다. 따라서 빈칸에 들어갈 생략된 전제로는 'B=C' 또는 'B→C'가 타당하다. 또 다른 예도 살펴보자.

> A→~B
> (   )
> 결론: A→C

빈칸에 들어갈 전제도 위와 마찬가지의 논리로 해결하면 된다. 주어진 조건에서 '~B'가 'C'로 대체되면 결론이 반드시 참이게 되는 것이다. 따라서 빈칸에 들어갈 전제로는 '~B=C' 또는 '~B→C'가 타당하다. 이번에는 좀 더 응용된 예를 살펴보자.

> A→~B∨C
> C→D
> (   )
> 결론: A→D

빈칸에 들어갈 전제는 무엇일까? 어렵게 느껴지는가? 그렇지 않다. 결론부터 보고 역순으로 따라가면 된다. 결론은 'A→D'이다. 그리고 'D'가 도출되기 위해서는 두 번째 조건인 'C→D'를 이용하면 되므로 'A→C'만 확정되면 된다. 문제는 첫 번째 조건이다. 'A→~B∨C'를 'A→C'로 만들기 위해서는 무엇이 필요할까? 선언을 제거하기 위해서는 'B'가 확정되면 된다. 따라서 생략된 전제에 들어갈 것은 'B'이다. 문제를 기호가 아니라 문장으로 풀어내더라도 동일하게 해결하면 된다. 다음을 보자.

> 한 사람의 목숨을 빼앗는 것은 명백히 살인이다.
> (   )
> 따라서 태아를 인위적으로 유산시키는 것도 명백히 살인이다.

위의 내용을 기호화해 보자.

> 조건1. 한 사람 목숨 빼앗음→살인
> 조건2. (   )
> 결론 : 태아의 목숨 빼앗음→살인

이렇게 써 보면 조건1과 결론은 '한 사람' – '태아'만 차이남을 알 수 있다. 따라서 이 둘을 같게 만들면 자연스럽게 결론이 도출된다. 따라서 생략된 전제로 타당한 것은 '한 사람=태아'거나 '태아→사람' 정도이다. 이를 다시 문장으로 표현하면 '태아는 사람이다' 또는 '태아라면 반드시 사람이다' 정도이다.

1	~(부정): A가 아니다 ⇒ ~A A가 아닌 것은 아니다 ⇒ ~(~A) ≡ A
2	선언(∨)의 부정: ~(A∨B) ≡ ~A∧~B
3	연언(∧)의 부정: ~(A∧B) ≡ ~A∨~B
4	선언 기호(∨) 제거: (A∨B, ~A)→B
5	배타적 선언: A⊕B ≡ (A∨B)∧~(A∧B)
6	'A→B'가 거짓 ≡ 'A', '~B'
7	~A∨B ≡ A→B
8	오직 A일 때에만 B할 수 있다 ≡ B는 A의 충분조건이다 ≡ B→A
9	대우 P→Q ≡ ~Q→~P
10	모순 P→Q, P→~Q ≡ ~P
11	술어 논리: 어떤 A는 B이다 ≡ A∧B

048

다음 논증이 타당하기 위해서 괄호 안에 들어갈 진술로 가장 적절한 것은?

> 실천적 지혜가 있는 사람은 덕이 있는 성품을 가진 사람이다. 그런데 덕을 아는 것만으로 실천적 지혜가 있는 사람이 될 수는 없다. 실천적 지혜가 있는 사람은 덕을 알 뿐만 아니라 그것을 실행에 옮기는 사람이다. 그리고 그런 사람이 실천적 지혜가 있다고 할 수 있다. 그런데 (　　　) 따라서 실천적 지혜가 있는 사람은 자제력도 있다.

① 자제력이 없는 사람은 성품이 나약한 사람이다.
② 덕이 있는 성품을 가진 사람도 자제력이 없을 수 있다.
③ 덕이 있는 성품을 가진 사람은 실천적 지혜가 있는 사람이다.
④ 자제력이 없는 사람은 올바른 선택을 따르지 않는 사람이다.
⑤ 자제력이 없는 사람은 아는 덕을 실행에 옮기는 사람이 아니다.

• 해제

조건 분석

주어진 조건들을 기호화하면 다음과 같다.

- 실천적 지혜가 있는 사람은 덕이 있는 성품을 가진 사람이다. ·········· 조건1. 실천→덕
- 실천적 지혜가 있는 사람은 덕을 알 뿐만 아니라 그것을 실행에 옮기는 사람이다. ·········· 조건2. 실천→덕 앎∧덕 실행
- 그런데 (   ) ·········· 조건3. (   )
- 따라서 실천적 지혜가 있는 사람은 자제력도 있다. ·········· 결론: 실천→자제력

선택지 해설

1) 결론부터 보자. 결론은 '실천→자제력'이다.
2) 조건1에 따르면 '실천→덕'이다. 따라서 '덕→자제력'이 조건3에 추가되면 결론을 도출할 수 있다.
3) 조건2에 따르면 '실천→덕 앎∧덕 실행'이다. 따라서 '덕 앎→자제력'이거나 '덕 실행→자제력'이면 결론을 도출할 수 있다.
4) '~자제력→~덕 실행'이므로 정답은 ⑤번이다.

선지를 기호화하면 다음과 같다.
① '나약한 사람'은 문제와 관련이 없다.
② 덕∧~자제력
③ 덕→실천
④ '올바른 선택을 따르지 않는 사람'은 문제와 관련이 없다.

정답 ⑤

1	~(부정): A가 아니다 ⇒ ~A A가 아닌 것은 아니다 ⇒ ~(~A) ≡ A
2	선언(∨)의 부정: ~(A∨B) ≡ ~A∧~B
3	연언(∧)의 부정: ~(A∧B) ≡ ~A∨~B
4	선언 기호(∨) 제거: (A∨B, ~A)→B
5	배타적 선언: A⊕B ≡ (A∨B)∧~(A∧B)
6	'A→B'가 거짓 ≡ 'A', '~B'
7	~A∨B ≡ A→B
8	오직 A일 때에만 B할 수 있다 ≡ B는 A의 충분조건이다 ≡ B→A
9	대우 P→Q ≡ ~Q→~P
10	모순 P→Q, P→~Q ≡ ~P
11	술어 논리: 어떤 A는 B이다 ≡ A∧B

049

17 민경-16

다음 글의 결론을 이끌어내기 위해 추가해야 할 전제만을 <보기>에서 모두 고르면?

젊고 섬세하고 유연한 자는 아름답다. 아테나는 섬세하고 유연하다. 아름다운 자가 모두 훌륭한 것은 아니다. 덕을 가진 자는 훌륭하다. 아테나는 덕을 가졌다. 아름답고 훌륭한 자는 행복하다. 따라서 아테나는 행복하다.

보기
ㄱ. 아테나는 젊다.
ㄴ. 아테나는 훌륭하다.
ㄷ. 아름다운 자는 행복하다.

① ㄱ
② ㄷ
③ ㄱ, ㄷ
④ ㄴ, ㄷ
⑤ ㄱ, ㄴ, ㄷ

• 해제

조건 분석

주어진 조건들을 기호화하면 다음과 같다.

- 젊고 섬세하고 유연한 자는 아름답다. ──── 조건1. 젊음∧섬세∧유연→아름다움
- 아테나는 섬세하고 유연하다. ──── 조건2. 아테나→섬세∧유연
- 아름다운 자가 모두 훌륭한 것은 아니다. ──── 조건3. 아름다움∧~훌륭함
- 덕을 가진 자는 훌륭하다. ──── 조건4. 덕→훌륭함
- 아테나는 덕을 가졌다. ──── 조건5. 아테나→덕
- 아름답고 훌륭한 자는 행복하다. ──── 조건6. 아름다움∧훌륭함→행복
- 따라서 아테나는 행복하다. ──── 결론: 아테나→행복

선택지 해설

1) 결론부터 보자. 결론은 '아테나→행복'이다.
2) '행복'하려면 조건6에 따라 '아테나'가 '아름다움∧훌륭함'을 갖추어야 한다.
3) 조건5에 따라 '아테나'는 '덕'을 갖추었고, 조건4에 따라 '덕'을 갖춘 '아테나'는 '훌륭함'도 갖추었다. 따라서 '아테나'는 '아름다움'만 갖추면 된다.
4) 조건1에 따라 '아테나'가 '젊음∧섬세∧유연'이면 '아름다움'을 갖추게 된다.
5) 조건2에 따라 '아테나'는 '섬세∧유연'이다. 따라서 '아테나'는 '젊음'을 갖추면 '아름다움'을 갖춘 게 된다.
6) 따라서 생략된 전제는 '아테나→젊음'이고, 이를 말로 풀어내면 '아테나는 젊다'이므로 정답은 ①번이다.

ㄴ. 조건5에 따라 '아테나'는 '덕'을 갖추었고, 조건4에 따라 '훌륭함'도 갖추었기에 추가될 전제가 아니다.
ㄷ. 기호화하면 '아름다움→행복'인데, 이 조건으론 '아테나는 행복하다'는 결론을 도출할 수 없다.

정답 ①

1 ~(부정): A가 아니다 ⇒ ~A
  A가 아닌 것은 아니다
  ⇒ ~(~A) ≡ A

2 선언(∨)의 부정:
  ~(A∨B) ≡ ~A∧~B

3 연언(∧)의 부정:
  ~(A∧B) ≡ ~A∨~B

4 선언 기호(∨) 제거:
  (A∨B, ~A)→B

5 배타적 선언:
  A⊕B ≡ (A∨B)∧~(A∧B)

6 'A→B'가 거짓 ≡ 'A', '~B'

7 ~A∨B ≡ A→B

8 오직 A일 때에만 B할 수 있다
  ≡ B는 A의 충분조건이다
  ≡ B→A

9 대우 P→Q ≡ ~Q→~P

10 모순 P→Q, P→~Q ≡ ~P

11 술어 논리:
   어떤 A는 B이다 ≡ A∧B

050

다음 결론을 도출하기 위해 추가해야 할 전제는?

> 곤충들이 땅 가까이에 내려오면, 제비가 낮게 난다.
>
> ----
> 곤충들이 땅 가까이에 내려오면, 비가 온다.

① 곤충들이 땅 가까이에 내려온다.
② 제비가 낮게 난다.
③ 제비가 낮게 날면, 비가 온다.
④ 비가 오면, 제비가 낮게 난다.

• **해제**

조건 분석

주어진 조건들을 기호화하면 다음과 같다.

- 곤충들이 땅 가까이에 내려오면, 제비가 낮게 난다. ······ 조건1. 곤충→제비
- (　　　　) ······ 조건2. (　　)
- 곤충들이 땅 가까이에 내려오면, 비가 온다. ······ 결론. 곤충→비

선택지 해설

1) '곤충→비'로 결론이 나오려면 '제비→비'가 필요하다.
2) '제비→비'를 문장으로 하면 '제비가 낮게 날면, 비가 온다.'이다. ③번이 정답이다.

정답 ③

memo

memo

memo